# LA PAROLE EST UN SPORT
## DE COMBAT

www.editions-jclattes.fr

Bertrand Périer
avec la collaboration
d'Adeline Fleury

# LA PAROLE
# EST UN SPORT
# DE COMBAT

JC Lattès

Maquette de couverture : Atelier Didier Thimonier

ISBN : 978-2-7096-6069-3

À Marc Bonnant, en témoignage d'admiration et de reconnaissance.

À Pierre-Olivier Sur, en témoignage de respect et d'affection.

À Antoine Vey, en témoignage d'amitié et de complicité.

À la promotion 2003 de la Conférence du stage du Barreau de Paris, en témoignage de fraternité et de fidélité.

À Stéphane de Freitas, à l'équipe d'Eloquentia, à Harry et Anna Tordjman, en témoignage d'engagement et de passion.

À tous les étudiants, de Seine-Saint-Denis et d'ailleurs, auxquels je me suis efforcé de transmettre le goût et la nécessité de la parole, et qui sont pour beaucoup dans ce qui suit, en témoignage d'enthousiasme et d'espérance.

# La parole est une force

Longtemps, je n'ai pas pris la parole. Longtemps, je me suis méfié de l'oralité. Je la trouvais vaine, voire suspecte. On se méfie des beaux parleurs, des « grandes gueules », de ceux qui bavardent à tort et à travers, souvent pour ne rien dire. Mais j'ai compris par l'expérience, dans les épreuves orales que j'ai passées au cours de mes études, devant les juridictions puis par la suite en enseignant l'art oratoire, à quel point la parole, si elle est utilisée à bon escient, est une arme exceptionnelle, une force redoutable qu'il ne faut jamais sous-estimer.

Dans toute vie en société, bien parler, c'est-à-dire s'exprimer de façon claire et convaincante, est essentiel. Savoir choisir les mots justes, les bons mots, ceux qui émeuvent, ceux qui persuadent, ceux qui marquent, c'est avoir une longueur d'avance.

9

Dans mon bureau, j'ai toujours à portée de main un petit livre, très rare, qui pour moi dit tout de l'éloquence. Il s'agit des *Remarques sur la parole*[1] de Jacques Charpentier. Je vous en livre les premières lignes :

« La parole est action ou n'est rien. Parler, ce n'est pas jongler avec des idées, ni polir des sentences, roucouler, faire des effets de manche, poser pour le profil. Parler, c'est convertir. Au moins convaincre ; ou raffermir des convictions chancelantes. »

Ces mots me touchent car je crois aussi que la parole permet à la fois de forger ses idées, de les affiner et de les partager. Mais pour cela, il est essentiel qu'elle s'incarne dans des mots précis, qu'elle s'appuie sur un vocabulaire fourni et qu'elle s'organise dans une structure appropriée. Plus que jamais, nous avons besoin de ces vecteurs de la pensée que sont les mots. Je ne suis pas passéiste, mais je déplore parfois que la parole ait aujourd'hui tendance à perdre en richesse, en subtilité, dans les médias, en politique, et aussi dans les prétoires. L'affadissement du langage va de pair avec l'appauvrissement des idées. J'en suis convaincu : lutter contre le premier, c'est combattre le second.

Nous avons pourtant un privilège : la langue française dispose de mille et une nuances, ne nous en privons pas. Les institutrices d'antan le disaient, et j'espère que celles d'aujourd'hui le répètent encore :

---

1. *Remarques sur la parole*, Jacques Charpentier, 1944.

les verbes « être », « avoir » et « faire » peuvent toujours être remplacés, à l'écrit comme à l'oral, par un verbe plus précis. Alors oui, refusons la parole instinctive et rudimentaire, cultivons la synonymie, faisons l'effort de la subtilité et ne nous contentons jamais de la première formulation qui nous vient. La fréquentation assidue des dictionnaires constitue la condition essentielle d'une parole efficace et juste.

Je n'établis pas de hiérarchie entre l'oral et l'écrit, mais je pense que, par certains aspects, parler est plus difficile qu'écrire. Alors que l'écrivain peut toujours corriger son texte s'il n'en est pas satisfait, l'orateur – et surtout son incarnation qui est pour moi la plus formidable, l'improvisateur – n'a pas de seconde chance. La parole naît et meurt en même temps. Il n'y a pas d'instance d'appel pour la parole. Impossible de « refaire la prise ». On ne rembobine pas les discours.

Il y a entre l'écrit et l'oral une autre différence qui me semble importante. Écrire, c'est envoyer une bouteille à la mer. L'écrivain ne sait ni qui le lira, ni quand il sera lu. Il a d'une certaine façon vocation à l'éternité : comme le dit l'adage, « les écrits restent » ! À l'inverse, parler c'est dédier sa parole à ceux qui vous écoutent ici et maintenant, dans l'instant du discours. Je parle pour quelqu'un et je dirais autre chose si je m'adressais à quelqu'un d'autre. Montaigne soulignait déjà que l'auditoire est pour moitié dans le discours.

Je déplore que l'oralité demeure aujourd'hui, malgré les initiatives individuelles et isolées prises ici et là par des enseignants souvent admirables, passionnés, dévoués et compétents, le parent pauvre des programmes scolaires. Pour ma part, je considère qu'après mes vingt ans je n'ai pas appris grand-chose : l'essentiel s'était joué avant. Je crois que la transmission de l'oralité doit avoir toute sa place dès l'école primaire, elle doit absolument y être revalorisée et systématisée. On ne peut pas l'abandonner au bon vouloir de tel ou tel professeur. Faire cela, c'est accroître les inégalités et les aléas devant une compétence pourtant essentielle dans le monde contemporain. Il faut profiter de cette capacité d'absorption qu'ont les jeunes enfants pour leur enseigner l'art oratoire. Plus on est jeune, moins on a d'inhibitions, plus la parole est naturelle. La timidité survient à l'adolescence. C'est avant qu'il faut agir. C'est dès l'enfance qu'il faut se familiariser avec la prise de parole en public, c'est dès l'enfance qu'il faut la considérer comme évidente, quotidienne et banale, qu'il faut en minimiser l'enjeu pour qu'elle ne soit pas exceptionnelle et donc chargée de tension. Si l'on n'a pas fait ce travail à un âge où l'on ne se sent ni jugé, ni évalué, ni scruté, ce sera d'autant plus difficile de le faire à l'adolescence ou à l'âge adulte, où tout est moins naturel, et où l'on ressent plus difficilement le regard des autres et leur jugement, alors surtout que la prise de parole en public est nécessairement une exposition de soi, qui suppose d'être à l'aise avec son corps et avec ses émotions.

Au-delà même de la situation de la jeunesse, je suis convaincu qu'il est fondamental aujourd'hui de redonner à la parole ses lettres de noblesse. Il est temps de la réarmer dans une société où bien souvent les images l'emportent sur les mots. Car la parole est un véritable enjeu de société. Il y a à cela une raison simple : parler, avant même de délivrer un message, c'est dire qui l'on est. C'est dire son passé, sa culture, c'est dire son caractère, sa personnalité. Parce que la parole est un révélateur, un marqueur social redoutable et presque infaillible, elle peut aussi accroître ou perpétuer des inégalités. Elle peut enfermer dans des déterminismes et contribuer à créer ou renforcer des plafonds de verre.

C'est pour cela que, depuis 2011, j'enseigne l'art oratoire en Seine-Saint-Denis dans le cadre du programme Eloquentia, créé par Stéphane de Freitas qui est aussi le coréalisateur du documentaire, devenu un film[1], qui retrace cette aventure humaine et oratoire hors du commun : pour transmettre les règles et les codes de la prise de parole à des jeunes issus de quartiers auxquels on ne s'intéresse généralement qu'à la rubrique des faits divers, à des jeunes qui souvent considèrent – parce qu'on leur a mis cette idée en tête depuis leur plus jeune âge – que l'éloquence leur est

---

1. *À voix haute, la force de la parole*, Stéphane de Freitas, Ladj Ly.

13

interdite, qu'elle est un art des beaux quartiers et des lycées huppés, à des jeunes qui s'enferment dans une autocensure et une inhibition destructrices.

Notre espoir, avec tous les participants à ce projet exaltant, est d'aider ces jeunes gens à exprimer au mieux, de façon sincère, organisée et persuasive, ce qu'ils ont au fond d'eux-mêmes, de leur permettre ainsi de s'insérer – économiquement, bien sûr, mais aussi socialement, personnellement, et pourquoi pas politiquement – et de sortir de voies toutes tracées qui pourraient être des voies de garage. Nous ne sommes rien d'autre que des arrosoirs qui permettent à des graines de talent de germer et de s'épanouir. Quel bonheur alors de voir ces jeunes monter les marches du Festival de Cannes. Ils méritent tellement ce coup de projecteur !

Mon engagement dans l'enseignement de la prise de parole en public – en Seine-Saint-Denis, donc, mais aussi, plus classiquement, à Sciences Po et à HEC – a une seconde raison : je crois que débattre, c'est le contraire de se battre. En aidant chacun à exprimer sa pensée de façon plus exacte, plus précise, plus argumentée, en bannissant les invectives et les propos rudimentaires, j'ai la conviction que l'on facilite le débat, et que l'on parvient à faire reculer les violences qui naissent de l'incompréhension. De la même façon que la parole peut nous diviser, elle doit aussi pouvoir nous réunir. Non pas dans le consensus – parce qu'il faut discuter de tout, y compris des goûts et des couleurs, et que l'on ne supprime pas les désaccords en les dissimulant, bien au contraire – mais dans le goût partagé de la controverse. Parlons, parlons, et faisons ainsi des mots une arme de cohésion massive !

Enseigner l'art oratoire, c'est d'abord répondre à la question de savoir s'il s'enseigne, s'il est transmissible. Cette question est délicate. Il y a dans la parole une part irréductible de don. C'est pourquoi on parle d'art oratoire, et non de technique. Certaines personnes ont la chance d'avoir naturellement du charisme, de l'aisance, une capacité à focaliser l'attention et les regards. D'autres n'ont pas ces dons. C'est ainsi. Mais il en va de la parole comme de tout art : le don n'est rien sans le travail. Quel que soit son niveau de départ, j'ai la conviction ferme que l'on peut progresser pour gagner en confiance en soi et en force de conviction. J'ai vu tant d'étudiants bredouillants devenir sinon des tribuns, du moins des jeunes capables d'exprimer clairement et de façon percutante leurs convictions.

Et d'une certaine façon, mon parcours illustre aussi la possibilité d'une réconciliation avec la parole.

Je suis enfant unique. On ne parle pas de la même façon avec des adultes et avec des enfants. On peut se réfugier dans la parole d'enfant. Il y a une spontanéité, une complicité dans la parole entre frères et sœurs, entre cousins. Avec un adulte, la parole est d'emblée teintée d'autorité, connotée par l'idée d'une hiérarchie, d'une supériorité. La parole n'a rien de naturel, de joyeux ou d'enthousiaste, elle est toujours sanctionnée par le jugement d'un parent ou d'un professeur.

Précisément parce que l'école survalorise l'écrit au détriment de l'oral – ce n'est pas nouveau, Paul Valéry s'étonnait déjà de « notre négligence dans l'éducation de la parole », ajoutant : « Cependant qu'on exige le respect de la partie absurde de notre langage, qui est sa partie orthographique, on tolère la falsification la plus barbare de la partie phonétique, c'est-à-dire la langue vivante » – s'est naturellement instillée dans mon esprit l'idée que la parole était une compétence assez secondaire. Puisque ce n'était pas noté, c'est sans doute que ce n'était pas très important...

D'où, probablement, une histoire d'amour contrariée avec la parole. Convaincu qu'elle était futile, je l'ai ignorée, et elle me l'a bien rendu ! J'ai longtemps eu le plus grand mal à prendre la parole en public, les rares fois où c'était malgré tout nécessaire. De ces occasions, je n'ai des souvenirs que de tensions, de mains moites, de jambes qui se dérobent, de gorge sèche et de voix qui tremble. Bref, rien de très engageant. C'est dire que véritablement, la parole a été pour moi une révélation tardive, et que j'ai pour elle la foi ardente des convertis ! Plus on a été timide au départ, plus on aime la parole quand elle est devenue votre alliée et plus on a envie de la transmettre aux jeunes générations.

C'est parce que j'ai l'impression d'avoir perdu des années à apprivoiser les mots, à tenter maladroitement, empiriquement, de trouver les chemins d'une prise de parole apaisée et naturelle, que je mets un point d'honneur à transmettre ce que j'ai appris « sur le tas » aux jeunes pour qu'ils ne fassent pas les mêmes erreurs que moi.

Bien parler suppose un entraînement, des techniques pour être à l'aise en public, mais aussi pour structurer un discours, le délivrer avec aisance, convaincre en toutes circonstances.

Puisez dans ce livre de bons conseils pour nourrir votre parole.

Avec, au fond, une conviction chevillée au corps : la parole est votre meilleure alliée, apprivoisez-la, libérez-la. Devenez orateurs ! Si j'y suis arrivé, vous pouvez le faire !

# Le non verbal

Parler, c'est d'abord être vu. Chacun peut en faire l'expérience : regardez un orateur à la télévision, coupez le son, et rien qu'en observant son attitude, ses gestes, ses mimiques, vous aurez une idée assez précise de la tonalité de son propos. Mettez le son en écoutant un discours dans une langue que vous ne connaissez pas, et l'impression sera encore plus frappante. C'est dire que les mots ne font pas tout. Des études très sérieuses ont été menées sur cette question, et ont conclu que la force de conviction d'un discours passait à 60 % par le langage du corps, à 30 % par les inflexions de la voix (ce que l'on appelle la prosodie) et à 10 % seulement par les mots eux-mêmes. En somme, un orateur est d'abord vu, ensuite entendu, et enfin seulement compris.

Le discours, au sens le plus large, commence donc dès que l'orateur apparaît aux yeux de l'auditoire.

D'où l'importance de soigner les conditions de cette apparition. La parole est nécessairement mise en scène, et dans cette mise en scène, tout compte, tout fait sens, tout est signifiant.

Ainsi, le lieu de départ : vais-je arriver des coulisses (ce qui cultive une forme de mystère : on ne sait pas ce qui s'est passé avant et littéralement « j'apparais »), du fond de la salle (pour prendre le temps de la traverser), des premiers rangs du public (pour montrer que je suis issu du public, et que je parle en son nom) ?

Aussi le lieu d'arrivée. D'où vais-je parler : d'une scène surélevée (ce qui me distingue du public) ou du niveau du sol ? Derrière un pupitre ou sans pupitre (donc sans notes) ? Avec micro ou sans micro ? Assis ou debout ? Comment vais-je me positionner par rapport au public : va-t-il me faire face, m'entourer, sera-t-il dans la lumière ou dans la pénombre ? Et dans une réunion de travail, où vais-je m'installer ? Ce n'est pas pour rien que, dans les assemblées parlementaires, les élus se regroupent « géographiquement » par affinités : dis-moi d'où tu parles, et je te dirai qui tu es !

L'attitude corporelle de l'orateur avant de discourir est également significative : a-t-il le visage fermé ou au contraire souriant, arrive-t-il en marchant lentement ou rapidement ?

Toutes ces considérations peuvent apparaître anecdotiques, mais elles sont en réalité déterminantes. L'orateur a déjà dit beaucoup avant même d'avoir prononcé le premier mot. Que l'on songe, par exemple, au discours d'Emmanuel Macron au Louvre le soir de sa victoire à l'élection présidentielle. La mise en scène en avait été soigneusement étudiée : le choix du lieu, la marche lente vers l'esplanade, la musique (l'*Hymne à la Joie* de Beethoven, qui est l'hymne européen), la pyramide derrière l'estrade : rien n'avait été laissé au hasard.

Faites de même lorsque vous prenez la parole. Ne vous laissez pas imposer une mise en scène qui ne correspondrait pas à ce que vous voulez dire. Et une règle d'or : quel que soit votre message, montrez que vous exprimer n'est pas pour vous une contrainte ou une épreuve. Le public n'a pas envie d'écouter quelqu'un qui a l'air d'aller à l'échafaud. Pas d'épaules baissées, de regard dans le vide ou de pas traînant : montrez votre envie, votre détermination, voire votre plaisir, et souvenez-vous que parler est un privilège.

Une fois la parole ainsi mise en scène, que faire de son corps pendant le discours ? Voici quelques conseils simples.

# La posture

Avant de commencer, il faut veiller à bien s'ancrer dans le sol. Se tenir droit, les pieds écartés dans le prolongement des épaules, de manière à se sentir bien stable. Le corps forme un T : le tronc est droit et les épaules sont déployées de manière à évacuer tout ce qui perturbe le trajet de l'air. J'arrive à l'endroit où je vais parler, je me place à équidistance des auditeurs, je plante les pieds dans le sol, je reste bien droit, les épaules horizontales. Il faut gommer toutes les postures qui font obstacle à la projection de la voix. Lorsqu'on est debout, éviter de croiser les jambes, les gestes de balancement, d'avant en arrière ou de gauche à droite, de passer d'une jambe sur l'autre, de sautiller. Veiller à ne pas ouvrir un pied comme une danseuse, ni verrouiller les genoux à l'intérieur. Il faut bannir « l'effet camisole », les bras qui s'enroulent autour du torse, qui bloquent la colonne d'air. Ne pas mettre les mains dans les poches, ni sur les hanches, ni assemblées au niveau du bas-ventre comme les footballeurs qui composent le « mur » d'un coup-franc ! Ne pas se tripoter les mains, ne pas regarder ses pieds. Si on est derrière un pupitre, le plus simple est de poser ses mains aux angles inférieurs.

En position assise, lors d'un entretien d'embauche, ou une réunion par exemple, il ne faut jamais s'asseoir au fond de sa chaise, mais dans le premier tiers, ainsi le corps vient vers la table, mais ne la colonise pas. Les mains restent toujours visibles, lorsqu'on les cache on cherche à dissimuler quelque chose, donc d'une certaine façon à se dissimuler. Se priver des mains, c'est se priver d'un mode d'expression et se figer, or c'est le corps qui fait vivre le langage.

## Le regard

Pour l'orateur, le regard, c'est le pouvoir. D'abord parce qu'en regardant l'auditoire l'orateur capte mieux son attention. Chacun en a fait l'expérience : rien n'est pire que de lire un discours le nez dans ses notes sans relever les yeux, ou d'écouter un orateur qui le fait. D'autre part parce que porter son regard vers le public, c'est lui rendre hommage, lui signifier que c'est pour lui qu'on parle. Enfin parce qu'en dirigeant son attention vers le public l'orateur recevra de nombreuses informations qui lui seront nécessaires pour adapter son propos : le public est-il intéressé, lassé, perplexe, amusé, etc. ?

On a parfois tendance à fuir le public, soit pour fixer le sol, soit pour trouver l'inspiration au plafond. C'est un mauvais réflexe : tout regard qui n'est pas porté sur l'auditoire est perdu.

De trois choses l'une, alors. Soit on parle à un petit groupe de personnes, et il faut regarder chacun alternativement, dans un ordre évidemment aléatoire et sans jamais privilégier quelqu'un. Soit on parle devant une assemblée nombreuse qui nous fait face, et le plus simple est de fixer un point au fond de la salle. Soit on parle devant un amphithéâtre qui nous entoure, et il faut que le regard se pose de droite à gauche et de haut en bas, comme en décrivant sur l'auditoire le tracé des lettres M et W, un peu comme y aident de nos jours les prompteurs dispersés dans les salles, par exemple dans les réunions publiques au cours de la campagne de Barack Obama.

## La gestuelle

Un geste est rarement bon ou mauvais en lui-même. Ce qui compte, c'est qu'il soit adapté au message que l'orateur souhaite transmettre. Un geste rond vers la salle renforcera un message de rassemblement. Un doigt pointé ou un poing levé peuvent être un signe de détermination mais revêtent aussi un aspect martial ou agressif. La jonction du pouce et de l'index traduit une volonté de précision, etc.

Le geste est ce que l'on contrôle le moins. C'est d'ailleurs pourquoi des spécialistes, les synergologues, analysent ce que les gestes révèlent des orateurs.

Pourtant, chacun peut essayer de lutter contre les gestes parasites (se gratter, se passer la main dans les cheveux, etc.) qui n'apportent rien et perturbent l'attention plus qu'ils ne la favorisent.

Pour le reste, privilégiez au maximum les gestes ronds, qui partent des épaules et font avancer les mains vers le public en décollant très légèrement les bras du tronc. C'est une position confortable, ouverte, neutre, qui évite les bras ballants et les mains dans le dos, qui ne sont jamais bons.

## Gérer les silences

L'espace sonore ne doit pas être rempli en permanence. Le silence fait partie du discours. Il peut être une respiration, une surprise, une façon de récupérer l'attention. Mais il faut maîtriser le silence pour qu'il survienne au moment opportun. Il ne doit jamais être subi, ou le signe que l'orateur est perdu ou s'épuise.

Il y a d'abord un silence essentiel : celui qui précède la prise de parole. Un orateur ne peut pas attaquer directement. Lorsque vous allez parler, respirez en comptant jusqu'à trois, balayez l'auditoire du regard, et ensuite seulement, parlez. Cela vous permettra aussi de commencer votre allocution les poumons pleins, de sorte que dans les premières phrases, qui sont souvent les plus chargées d'émotion, vous n'aurez pas à vous soucier de votre respiration. Si vous vous lancez les poumons vides, vous augmentez votre stress. Paradoxalement, la parole commence donc par le silence.

25

Par la suite, bien souvent, dans une situation d'improvisation, le silence subi vient d'un problème de débit : le silence s'impose parce que l'orateur, ayant parlé trop vite, est à court d'idées, ou ne trouve pas les mots.

Parler trop vite, c'est comme se débarrasser de son discours. Au contraire, quitte à parler, autant prendre son temps. L'orateur est le maître du temps. C'est lui qui choisit son débit, et une parole même très lente peut être persuasive. Ce qui compte, c'est que le rythme de la parole suive celui de la pensée. Si l'on parle trop vite, et que l'on n'a pas le temps d'élaborer la pensée suivante lorsqu'on exprime la pensée précédente, la rupture survient. Adaptez donc le rythme de votre parole au rythme auquel les idées vous viennent, et anticipez : lorsque vous sentez que l'idée suivante n'est pas encore là, n'attendez pas d'être en difficulté et de buter, anticipez et ralentissez en amont.

Et si vous lisez un texte, ne soyez pas non plus trop rapide : laissez à votre auditoire le temps de comprendre ce que vous dites, et là encore, ménagez des silences.

Un dernier conseil : articulez ! Combien d'orateurs, souvent les plus rapides d'ailleurs, mangent des syllabes voire des mots entiers ? Sans aller jusqu'à parler avec un crayon en travers de la bouche, veillez surtout à dire de façon très précise les premières consonnes des mots. Sans articulation, votre discours, aussi beau soit-il, risque d'être incompréhensible. Avouez que ce serait dommage…

**EXERCICES :**

## Le ventriloque

Pour sensibiliser mes étudiants à la nécessité d'une ges-tuelle appropriée, je leur propose plusieurs exercices qui reposent sur la dissociation du geste et de la parole : l'un parle, l'autre fait les gestes.

Le premier exercice est celui du ventriloque. Un orateur discourt debout tandis que quelqu'un vient se position-ner juste derrière lui, passe ses bras sous ceux du locu-teur, et accompagne la parole de l'autre avec ses gestes. C'est un exercice intéressant car il oblige celui qui fait les gestes à écouter très attentivement l'orateur pour adap-ter sa gestuelle.

## Le marionnettiste

Il faut quatre personnes pour cet exercice. Deux per-sonnes s'assoient face à face, de part et d'autre d'une table. Deux autres personnes se tiennent debout derrière eux. Les participants assis vont être les marionnettes des participants debout. Le dialogue va se nouer exclusive-ment entre les participants debout, et les participants assis vont jouer la scène uniquement par les gestes en fonction de ce que diront les participants debout.

On peut imaginer plusieurs mises en situation : la première rencontre de deux personnes qui se sont connues sur les réseaux sociaux, le dialogue de deux cousins qui ne se connaissent pas et qui vont passer des vacances ensemble, deux amis qui se retrouvent après s'être perdus de vue pendant longtemps, un investisseur qui vient présenter un projet à un ban-quier dont il sollicite un prêt.

## L'imitateur

Pour voir tous ses défauts en termes de langage non verbal, l'exercice le plus cruel est évidemment de se filmer. Mais si vous ne pouvez pas le faire, demandez à quelqu'un de vous imiter après lui avoir fait un petit discours. En exagérant vos tics, vos gestes parasites, il vous en fera prendre conscience.

---

1. Former un T avec son corps.
2. Prendre le pouvoir par le regard.
3. Allier le geste à la parole.
4. Articuler, ne pas parler trop vite, gérer ses silences.

# Je suis Saint-Denis !

« Je m'appelle Bertrand Périer, je suis là pour vous préparer au concours d'éloquence qui dans six semaines va élire le meilleur orateur de la Seine-Saint-Denis. Quel que soit votre niveau de départ, vous pouvez progresser. La seule condition est que vous y mettiez de vous-mêmes. »

Je me tiens devant une vingtaine d'étudiants, dans cette salle de cours de l'université de Saint-Denis, Paris VIII, tout au bout de la ligne 13 du métro. Les chaises sont brinquebalantes, les murs défraîchis ornés de graffitis revendicatifs ou humoristiques. Cela me change des salles de Sciences Po et HEC. Ici, tout est brut. Le béton, les locaux, la parole.

« Il va falloir vous pousser aux fesses et vous dire : je vais me lever et je vais le faire ! »

Depuis plus de quatre ans, Saint-Denis est mon autre décor. Depuis que Stéphane de Freitas m'a proposé de participer au projet Eloquentia. Une démarche militante qui l'a poussé à créer un concours d'éloquence et une formation à la prise de parole en public en terre de parole en apparence pauvre.

« Nous voulions créer un concours à l'université de Saint-Denis pour célébrer la parole et montrer que ces jeunes avaient des rêves, de l'ambition et des ressources insoupçonnées. J'ai grandi en banlieue et j'ai été frappé de voir à quel point la façon avec laquelle on s'exprime peut être discriminante. Nous vivons dans une période où le repli sur soi gagne du terrain et où cette jeunesse est stigmatisée alors qu'elle est dotée d'un talent invisible. » Voilà comment Stéphane de Freitas a présenté son initiative à laquelle j'ai tout de suite adhéré.

J'ai découvert au travers de mots souvent crus, parfois maladroits, mais tellement spontanés, des histoires authentiques. Certains étudiants traînent un bagage lourd, l'un d'entre eux a vécu dans la rue, dormant sur les bouches d'égout devant l'église Saint-Eustache aux Halles. Pour eux, plus que pour quiconque, parler est un sport de combat, un art qui libère des déterminismes sociaux.

Ces jeunes souffrent de plusieurs types de discrimination et la parole discriminante est terrible. Le langage est probablement ce qui nous sépare le plus dans la société, les gens ne parlent pas la même langue, il est temps de les réunir autour du goût de la parole, du goût des mots, sous toutes ses formes.

« La parole qui émeut, la parole qui touche, c'est celle-là qui nous rassemble. Avant, quand on voulait manifester son attachement à la liberté d'expression on disait : Je suis Charlie ! Maintenant, à partir de ce soir, je dirai aussi : Je suis Saint-Denis ! »

Ce 20 avril 2015, je suis chargé de clôturer la soirée de finale de la troisième édition d'Eloquentia. Et j'ai du mal à masquer mon enthousiasme. Devant un amphi plein à craquer, dans une ambiance survoltée, Souleïla Mahiddin et Eddy Moniot, deux candidats époustouflants, se sont affrontés, dans des registres très différents, l'une très théâtrale, l'autre alliant finesse de langage et aisance de comédien. Les membres du jury, cette année composé de stars, comme les acteurs Édouard Baer et Leïla Bekhti et le rappeur Kery James, ont été sensibles aux qualités d'Eddy. Eddy qui tous les jours doit parcourir plusieurs kilomètres à pied pour se rendre à l'université, Eddy dont le père autodidacte a pourtant sensibilisé son fils à la nécessité d'ouvrir le dictionnaire pour y trouver toutes les nuances et les richesses de la langue française.

Ces jeunes sont singuliers et attachants, ils viennent avec leur histoire, leur vie pour beaucoup cabossée, ce qui rend leur parole plus urgente, plus violente parfois. Ils ont le sentiment que, s'ils ne maîtrisent pas les codes de la parole, ils ne s'en sortiront pas. Ils ont pris conscience de son rôle social. Et j'apprécie de plus en plus leur langage empreint de musicalité venue de la culture slam et rap.

Qu'importe la forme pourvu que l'intention et la sincérité soient là.

Il faut favoriser toutes sortes de prises de parole. Slam, sketches, théâtre, discours classique, la seule règle qui vaille : être authentique et convaincant. Aider ces jeunes à formuler une argumentation précise qui va émerger de leur propre pensée et ainsi leur permettre de sortir des stéréotypes, tel est l'objectif d'Eloquentia.

Nous, les formateurs, nous efforçons de leur apprendre à convaincre, plaire, émouvoir, ainsi la transmission prend tout son sens. Nous sommes des catalyseurs. Nous ne transformons pas les gens mais nous leur donnons la chance de s'exprimer, de faire éclore ce qu'ils avaient déjà en eux.

Je ne suis pas là pour mettre dans leur bouche mes propres mots mais pour leur permettre, à partir de leur capital culturel et social, de donner le meilleur d'eux-mêmes. Lever les préjugés et accéder au meilleur de la parole que l'on puisse porter.

À Saint-Denis, j'ai adapté mon plan de cours de Sciences Po aux six séances proposées dans le cadre de la formation. Finalement, j'ai noté qu'au départ les élèves ont les mêmes défauts de posture, les mêmes inhibitions. Souvent leur vocabulaire est plus pauvre, et les fautes de syntaxe plus nombreuses. Plus encore qu'à Sciences Po, j'explique à quel point la richesse du lexique est capitale. C'est d'un lexique fourni que naît la nuance. La première formulation n'est jamais la meilleure. Pour être le plus audible possible, il faut polir les mots, les sculpter. Plus une formulation est précise, plus elle ouvre sur un débat et éloigne de la radicalité qui naît le plus souvent d'une pensée qui se caricature elle-même faute de pouvoir s'exprimer dans sa richesse et sa complexité.

Quand on me pose aujourd'hui la question « pourquoi employez-vous les termes d'exorde et de péroraison (introduction et conclusion d'un discours en rhétorique) devant des jeunes de Seine-Saint-Denis et non des termes plus simples ? » je m'efforce d'expliquer qu'ils sont autant les héritiers de cette culture grecque et latine que les étudiants de la rive gauche. Je ne vois pas pourquoi parce qu'ils sont à Paris VIII on ne pourrait pas leur parler d'exorde, de narration, de démonstration, de réfutation et de péroraison. C'est notre héritage commun, ils sont aussi les héritiers de Cicéron.

La transmission n'était au départ absolument pas naturelle chez moi. Quand on m'a proposé d'enseigner l'art oratoire à Sciences Po puis à HEC, je ne me sentais pas légitime, pourtant je participais fréquemment à des jurys de concours d'éloquence dans les universités ou les grandes écoles depuis presque dix ans.

L'idée d'enseigner une discipline qui est pour partie une alchimie mystérieuse de don et de confiance en soi me semblait un peu paradoxale. Qu'avais-je donc à transmettre qui leur serait utile ? Que pouvais-je bien savoir qu'ils ne savaient pas, moi qui n'avais jamais suivi de cours de rhétorique ? Et puis, le rapport d'autorité entre professeur et élèves me gênait.

J'ai mis au moins deux ans à me sentir à l'aise, à ma place, à comprendre que cet enseignement pouvait être pertinent. Je le dois beaucoup à mon confrère et ami Antoine Vey, avec qui je partage, depuis le début, notre cours de Sciences Po, que nous avons intitulé « Le discours en douze cours ». Il m'a énormément aidé à prendre confiance en moi dans cette activité pédagogique.

Mon enseignement s'est amélioré avec le temps, en tâtonnant, de manière empirique. Je me suis documenté sur l'art oratoire et c'est en enseignant que j'ai affiné les choses. Mon cours évolue avec la pratique.

Je m'adapte aussi en fonction de l'école ou de l'université où j'interviens. À HEC, les cours sont davantage axés sur le monde de l'entreprise. Nous simulons des négociations acheteurs-vendeurs ou patronat-syndicat. Je consacre également une séance à la communication de crise, car c'est une situation à laquelle les futurs diplômés seront inévitablement confrontés. Que faire si votre entreprise est placée en redressement judiciaire ou subit un accident industriel ? La notion de présentation dans le milieu de l'entreprise est également importante, parce que beaucoup travailleront dans le conseil.

Pour débuter mes cours, je propose toujours un petit jeu déstiné à « dégripper la machine ». Je parie sur le fait qu'ils sortent d'un cours de finances publiques ou de droit administratif. Il faut donc un petit sas de décompression pour que chacun puisse prendre la parole une première fois. Puis, à Sciences Po, je demande systématiquement à un élève de commenter un discours historique de son choix, pour en dégager les enjeux, la structure, les figures de style. Évidemment, j'ai souvent droit aux « classiques », Robert Badinter sur la peine de mort, le « I have a dream » de Martin Luther King ou le « Yes we can » de Barack Obama. Mais parfois j'ai de bonnes surprises. Comme cet élève qui avait choisi de présenter un discours de Pascal Dupraz, l'entraîneur de l'équipe de football de Toulouse, pour motiver son équipe dans les vestiaires.

La transmission fait désormais partie de ma vie. Même si je partage volontiers mes conseils, je ne me considère pas comme un théoricien de l'art oratoire. Je donne aux étudiants des clés et des codes que je n'avais pas à leur âge. Je fais extrêmement attention à eux. Je les secoue souvent mais je les respecte. Je sais bien que parler implique un dépassement de soi.

J'essaie d'allier exigence et bienveillance. C'est une ligne de crête parfois délicate. J'estime que l'exigence est un hommage qu'on rend aux élèves, à leur capacité à faire toujours mieux. À quoi cela sert-il si je leur adresse seulement des compliments ? J'assume de les bousculer parfois, et je crois que c'est fécond. Mais la bienveillance est également essentielle. Dès lors que l'enseignement de l'art oratoire se fait sur un matériau humain, comment susciter la confiance si l'on est dans un registre d'agression ?

Et puis au fond, je n'enseignerais pas si je n'aimais pas profondément mes élèves. Pour ma part, j'ai perdu vingt ans avec la parole, faute de l'avoir apprivoisée, respectée, maîtrisée plus tôt. Je ne veux pas que ces jeunes fassent la même erreur que moi. Je souhaite qu'ils aient immédiatement accès à cette parole, qu'ils soient guidés.

# Le dictionnaire, votre ami
## pour la vie

Dans la commune où j'habitais enfant, lorsqu'on passait en sixième, le maire nous offrait un dictionnaire dédicacé ! Au-delà de la manœuvre électorale assez cousue de fil blanc auprès des parents d'élèves, c'était forcément un signe !

J'ai très longtemps conservé ce dictionnaire, et je l'ai beaucoup lu. Dans le film *À voix haute,* le père d'Eddy Moniot, l'un des élèves d'Eloquentia, a une formule que je trouve absolument miraculeuse. Il explique que, faisant des mots croisés, il consulte souvent le dictionnaire, et que, cherchant un mot, il en « caresse » d'autres. L'idée de cette caresse de mots me touche beaucoup. Elle manifeste l'attachement presque charnel que l'on peut avoir pour eux.

On ne fréquente jamais assez les dictionnaires. On y découvre pourtant des trésors insoupçonnés. Parmi mes découvertes récentes : coruscant, dicastère ou évergète, dont je ne vous donne pas ici la définition, précisément pour vous encourager à faire le premier pas vers votre propre dictionnaire !

On y découvre aussi les étymologies. J'ai eu la chance de faire quelques années de latin. Hélas pas de grec. Mais même si j'étais parfaitement nul – ce qui, à mes yeux, n'a aucune importance, puisque le but n'est pas de parler latin ! – je considère avec le recul qu'étudier le latin a été un authentique privilège dans l'apprentissage du français.

Éduquez donc vos enfants à la lecture salvatrice du dictionnaire. Plutôt que de leur lire des histoires de loups-garous, de petits cochons, de fées ou de sorcières, ouvrez à l'heure du coucher une page du dictionnaire, et vous ajouterez l'effet lexical à l'effet somnifère !

## La chasse aux tics de langage et aux mots inutiles

Nous avons tous des tics de langage. Je vous confesse les miens : longtemps « effectivement », plus récemment « en fait », et actuellement « du coup ». C'est une lutte de chaque instant qu'il faut mener contre ces mots qui ne veulent rien dire et qui n'ajoutent rien à la démonstration.

Et puis il y a ces mots hideux qui viennent de surgir : « cordialement », « absolument », « carrément », plus vulgairement « de ouf », « vas-y » et « au calme ». Et le petit dernier : « pas de souci ». Ami lecteur, faisons un pacte : nous allons nous dire qu'à chaque fois que quelqu'un dit « pas de souci », un bébé phoque meurt quelque part. Voilà, c'en est fini de cette locution affreuse !

Reste à débusquer le plus récalcitrant, le plus obstiné, le plus endurant : le fameux « euh ». Il s'impose en général pour meubler un silence. Mais précisément, je l'ai dit plus haut, assumons nos silences. La parole n'est pas un courant continu.

---

**EXERCICE :**

**Le buzzer à « euh »**
Je vous invite à pratiquer l'exercice du buzzer à « euh », à deux ou en groupe. Dès que l'orateur prononce un « euh », ses auditeurs tapent sur la table. Au départ, cela fait sursauter, mais c'est une bonne manière de prendre conscience de ce tic affreux dont nous avons tous du mal à nous départir. On peut également le faire tout seul, on sera ainsi son propre juge à « euh ».

---

1. Avoir une pratique régulière de la lecture.
2. Jouer avec le dictionnaire, de 7 à 77 ans.
3. Varier son vocabulaire, bannir « être », « avoir », « faire » et utiliser des synonymes.
4. Stop aux « euh » et autres tics de langage polluants.

# Nez rouge

C'est bien connu : les avocats sont des comédiens frustrés. La preuve : ils portent des robes pour raconter la vie des autres. Et puis il y a un signe qui ne trompe pas : le nombre d'avocats qui font du théâtre amateur. Rien qu'au Barreau de Paris, il y a au moins quatre ou cinq troupes constituées, qui montent chaque année une pièce.

Je n'ai pas échappé à la règle. Pendant de très nombreuses années, j'ai participé à la Revue de l'Union des jeunes avocats. Chaque année, pendant une semaine, une trentaine de « jeunes » avocats – au Barreau, on est considéré comme jeune jusqu'à quarante ans, ce qui est très rassurant ! – investissent un théâtre parisien pour jouer devant un parterre essentiellement composé de confrères et de magistrats, mais aussi de personnalités politiques – le garde des Sceaux vient régulièrement –, des chansons et des sketchs de leur cru, brocardant l'actualité judiciaire et politique ainsi que les autorités de l'Ordre des avocats. Tout cela est potache, bon enfant, gentiment méchant et somme toute très distrayant.

Moi le grand timide, j'ai adoré participer à la Revue. Il y a une atmosphère d'effervescence, d'excitation, de trac. On a nos loges, nos costumes, on se fait maquiller, bref, on a l'impression d'être des saltimbanques !

J'ai joué le rôle d'un fictif coiffeur du Palais de justice qui, au bénéfice d'un brushing ou d'une permanente, recueillait et colportait les cancans et médisances des uns sur les autres – et Dieu sait qu'en termes de médisances la bien mal nommée « famille judiciaire » n'est pas avare ! C'était l'occasion de distiller quelques piques. Ainsi d'un confrère chauve : « Il m'a demandé une greffe de cheveux, mais ça ne prendra jamais, il n'a rien à l'intérieur du crâne »…

Je me suis aussi amusé d'un bâtonnier qui avait eu l'idée, au demeurant intéressante, de publier son agenda pour montrer à ses confrères la densité, réelle, de son emploi du temps. À ceci près qu'il ajoutait des mentions saugrenues qui suffisaient à déclencher les rires : « Le bâtonnier a fait ses Pâques », « Le bâtonnier a soufflé ses bougies », « Le bâtonnier a rangé son bureau ».

J'ai également fait une compilation des sites Internet les plus bizarres d'avocats. Telle consœur qui se filme en train d'enfiler sa robe façon Wonder Woman, avec un effet de ralenti du meilleur goût. Tel confrère qui pose devant ses dossiers suspendus dans une sous-pente où trône une maquette en Lego.

Tel autre qui montre une tête de mort sur son bureau dont les murs sont entièrement capitonnés.

Participer à la Revue, c'est ressentir toutes les émotions de la scène : l'esprit de troupe, l'atmosphère vibrionnante des coulisses, la succession des numéros, les changements de décor, la peur d'oublier sa réplique, le partenaire qui n'entre pas sur scène au bon moment, la tentation d'éclater de rire sur le plateau.

Une parole festive, joyeuse, mais aussi un exutoire indispensable pour des avocats qui, confrontés chaque jour à des situations conflictuelles et tendues, ont parfois besoin, comme les clowns, de cacher leurs émotions sous un nez rouge.

# Gérer ses émotions
## et surmonter sa timidité

L'émotion peut survenir à tout moment de la prise de parole. Elle est naturelle et presque inévitable, puisque nous ne sommes pas des robots. L'idée est simplement de faire en sorte qu'elle ne vous submerge pas, et qu'elle ne vous déstabilise pas. Il existe des techniques pour éviter de surcharger émotionnellement ses interventions en public.

La première règle est à mon sens de dédramatiser. Le stress vient le plus souvent d'un malentendu, d'une représentation inexacte que l'on se fait de l'auditoire. Bien sûr l'auditoire vous jugera, mais il n'est pas nécessairement malveillant à votre égard. Au contraire, tout le monde a à gagner à une prise de parole réussie : vous bien sûr, mais eux également, parce qu'ils auront appris, ri, voyagé… grâce à vous. La parole en public, c'est un jeu gagnant-gagnant. Chacun a un jour fait l'expérience de la gêne palpable que provoque sur un auditoire la contemplation d'un orateur qui rate totalement sa prestation. En général, le public est extrêmement légitimiste. D'ailleurs, quand il y a un élément perturbateur dans la salle, quelqu'un qui pose des questions incongrues ou qui cherche à déstabiliser l'orateur, le public va le plus souvent voler au secours de l'orateur. Il est venu l'écouter, il n'est pas là pour le mettre en difficulté.

Maintenant que faire si cela se passe mal ? Mon conseil est de jouer cartes sur table. Quel que soit le type de prise de parole, parole professionnelle, discours, entretien, je ne vois aucun inconvénient à ce que l'on fasse part au public de ses émotions.

Au préalable on peut confier : « La prise de parole n'est pas forcément un exercice qui m'est familier, je vais m'efforcer de donner le meilleur de moi-même. » Ainsi, on implique le public dans le discours, il devient un adjuvant, un auxiliaire, un partenaire. Il ne faut pas avoir honte d'avouer qu'il s'agit d'un exercice inhabituel, inconfortable a priori mais que l'on va donner le meilleur de soi-même.

De même, si l'on commet une grosse faute de français, une faute de liaison, de syntaxe, de grammaire ou de conjugaison, il n'est jamais bon de l'ignorer. Assumez-la ! Feindre qu'elle n'ait jamais été prononcée, c'est quelque part se l'approprier. Faire des fautes, cela peut arriver à tout le monde, il faut banaliser, ce ne sont que des mots après tout. Ainsi, on peut reconnaître : « J'ai dit cela, mais je voulais évidemment

44

plutôt dire cela… » Lorsque je commets un lapsus, j'ai pris l'habitude de déclarer : « Il semblerait que le docteur Freud se soit invité dans ce discours. » On effectue une sorte de mise à distance, un petit pas de côté. L'autodérision est une qualité de l'orateur. Il ne faut pas hésiter à se moquer de soi si l'on fait des fautes, si l'émotion vous gagne, reconnaître : « Je vais reprendre, je vais préciser ma pensée car je me rends compte en parlant que ce n'est pas très clair. »

L'émotion ne peut être désamorcée que si on a un peu de recul sur soi-même…

## « Alors comme ça, vous étiez un grand timide ? »

La question est revenue systématiquement lorsque j'ai été invité dans une émission de radio ou de télévision pour faire la promotion du documentaire, puis du film *À voix haute*.

Il est vrai qu'un ancien timide devenu professeur d'art oratoire, c'est un peu paradoxal. Mais au fond, ce parcours montre que rien n'est rédhibitoire dans la timidité. À une seule condition : vouloir en sortir. Si vous cajolez votre timidité, si elle est votre meilleure amie, si vous la chérissez, elle ne vous quittera pas. Ça peut être assez confortable. Je n'ai pas fait ce choix. Je me suis vite rendu compte que la timidité, poussée à l'extrême, était un handicap dans les relations sociales. J'ai donc décidé de briser le cercle vicieux. C'est pour cela que je me suis présenté à des concours d'éloquence. Pas tant pour les réussir que pour les passer, ce qui était déjà pour moi une première victoire.

Je le dis souvent, et ce n'est pas une formule : dans un concours d'éloquence, il n'y a que des gagnants, car tout le monde a au moins gagné le combat contre la peur. Et ce combat suppose qu'à un moment, malgré tout, on se fasse un peu violence pour surmonter son appréhension.

Mais une fois qu'on a franchi le pas, et que s'ouvrent toutes les possibilités de la parole, quel bonheur de les partager avec ceux qui nous entourent !

## Gérer le trac

Je plaide depuis quinze ans, et depuis quinze ans j'ai peur avant de plaider. Peur de ne pas être à la hauteur, peur de ne pas trouver les mots justes, peur d'oublier une idée importante. Je crois que finalement cette peur ne me quittera jamais. Elle est simplement liée à l'enjeu. Lorsque je plaide, je porte la parole d'un autre, et la décision qui sera rendue aura pour mon client une incidence parfois déterminante.

Et si finalement la peur était un bon signe ? À une comédienne qui lui assurait n'avoir jamais le trac,

Sarah Bernhardt rétorqua : « Ne vous inquiétez pas, ça viendra avec le talent ! »

Le trac est inhérent à la prise de parole en public. Il faut bien l'avouer : parler en public, s'exhiber, s'exposer aux regards parfois inquisiteurs d'un auditoire n'est pas une activité naturelle.

Mais je crois que le trac n'est rien d'autre que la contrepartie de notre propre exigence. Il naît du possible décalage entre ce que je vais produire et ce que j'attends de moi. Si je n'attends rien de moi, je ne risque rien. C'est pour cela que le trac est plutôt une vertu. Il montre que l'on n'est pas entré dans une routine, dans un assoupissement. Il montre que la prise de parole en public est encore une tension vers l'autre, un moment singulier, exceptionnel, un réel sport de combat. Le trac ne disparaîtra jamais totalement. Il ne doit pas disparaître. Il faut seulement faire en sorte qu'il stimule et qu'il ne paralyse pas. Un trac galvanisant et non paralysant. Je revendique mon trac. Je m'efforce seulement de le domestiquer, d'en reconnaître les symptômes.

Pour surmonter le trac, j'ai deux méthodes :

## *La visualisation*

En amont de la prise de parole, se voir parler, s'imaginer : « Je vais monter à la tribune, mettre mes mains de chaque côté du pupitre, je vais respirer et parler. » Se voir parler et anticiper. Cela permet de se rassurer.

## *Avoir son début et sa fin*

Il est important d'arriver en position de prise de parole avec un début et une fin.

Ce n'est pas nécessairement celles que vous allez utiliser, en définitive. Peut-être que les circonstances de votre prise de parole, les propos qui auront été tenus avant ou l'ambiance de la salle vous offriront un début ou une fin plus efficaces, plus appropriés que vous trouverez dans l'instant. Mais au moins, si l'inspiration ne vient pas, vous avez une sorte de parachute qui vous permettra de ne pas appréhender ces deux moments à la fois difficiles et déterminants que sont l'amorce et la fin.

---

1. Se convaincre que le public est bienveillant.
2. Bien respirer pour se détendre.
3. Dédramatiser la prise de parole. Se dire que ce n'est évident pour personne.
4. Se visualiser en train de parler avant de prendre la parole.
5. Toujours avoir en tête un début et une fin pour votre intervention.

---

# Petites réflexions à l'heure
## de la communication virtuelle…

Dans les années 1960, on nous annonçait à grand renfort d'essais prophétiques plus ou moins affolés la fin de la Galaxie Gutenberg. L'image, c'était certain, allait triompher, et l'écrit, moribond, vivait ses dernières heures. On cesserait de s'écrire pour se téléphoner, se parler, où que l'on soit dans le monde. Le village planétaire serait débarrassé de la contrainte de l'épistolaire, des lourdeurs de la correspondance. L'orthographe deviendrait une exigence fossile, quasi néandertalienne, puisque tous nos messages seraient véhiculés instantanément par l'oralité grâce aux ondes hertziennes ou satellitaires.

Rétrospectivement, quelle erreur ! On ne s'est jamais autant écrit, et jamais aussi peu parlé. On envoie des mails pour un oui ou pour un non. Y compris à son voisin de bureau. Pourquoi donc ? Est-ce si réjouissant ? Ça le serait si la communication électronique traduisait un vrai retour de l'écrit. Mais tel n'est pas le cas.

Aujourd'hui, pour communiquer, nous nous envoyons des mails, des SMS. Rien ne vaut pourtant le dialogue par la parole. Évidemment, j'ai dû me mettre aux SMS. Pour moi, un SMS est quelque chose d'assez intrusif, alors qu'il semble que ce soit l'inverse pour les plus jeunes pour qui c'est une façon simple et sans engagement de communiquer. Pour eux, souvent, « on se parle » signifie « on s'écrit ».

Mais l'écrit de la communication électronique est un succédané, un écrit au rabais, presque frelaté. George Sand a rédigé, au cours de sa vie, 23 000 lettres. Chacune traduisait une attention à l'autre. En comparaison, que nos mails sont pauvres, triviaux, fades. La summa divisio, finalement, c'est le choix de la formule de politesse, et le monde se divise en deux camps : ceux qui écrivent « cordialement », et ceux qui écrivent « bien à vous ».

Il y a dans cette fausse résurrection de l'écrit un autre signe inquiétant. On n'écrit pas par égard pour l'autre, on écrit pour avoir une preuve pour soi. Le mail, c'est le fruit de la méfiance généralisée, c'est la volonté de pouvoir ressortir un message de ses archives pour ouvrir le parapluie des responsabilités : « Tu vois, je t'avais envoyé un mail pour t'avertir. »

Même les relations humaines sont désincarnées. On « matche » sur des réseaux, on « se parle en DM », et peut-être, un jour, on se verra « IRL »… La séduction est devenue virtuelle. À l'ère de la drague 2.0, c'en est fini des lettres enflammées dont chaque mot aura été soupesé, dédié à l'être aimé, soigneusement choisi pour lui. L'écran, le pseudo, et paradoxalement jusqu'à la photo elle-même, tout est matière à dissimulation de soi.

Et une fois derrière cet écran protecteur, on peut tout dire, tout écrire, tout montrer, y compris des horreurs que l'on n'oserait jamais prononcer face à un interlocuteur direct. Le confort douillet de l'anonymat autorise toutes les outrances. Parlez par mail, et vous vous brouillerez, voyez-vous, et vous vous réconcilierez.

Il est grand temps de réenchanter l'écriture et la parole. Que les amoureux quittent le confort des gens qui cliquent et retrouvent le trésor des bancs publics !

# Se mettre en voix

J'ai la chance d'avoir une voix qui porte. Un bon orateur a une voix placée. La voix est une baguette magique. Elle permet d'attirer l'attention de toute une foule, d'impliquer son auditoire, de véhiculer des émotions. Or nous ne sommes pas tous égaux face à cet organe, nous n'avons pas tous conscience du potentiel de notre voix.

Un discours est un projet sonore avec une ambition esthétique qui va au-delà des mots que l'on prononce, de la pertinence du message que l'on délivre.

Lors des sessions de formation pour le concours Eloquentia à Saint-Denis, j'ai pu assister aux cours du professeur de technique vocale Pierre Derycke qui m'ont aidé à mieux comprendre les enjeux de la voix. Elle doit être entraînée pour être suffisamment endurante et puissante. Une bonne technique vocale, cela s'acquiert.

« Les gens sous-estiment leur voix, et donc la sous-utilisent, explique Pierre Derycke. Plus on grandit, plus son utilisation est superficielle. Le but est de transformer le corps en véritable instrument, ce qui va notamment permettre à l'orateur de gagner en puissance et en assurance. »

La voix doit être puissante mais ne doit pas se transformer en cri. Je m'efforce d'en faire prendre conscience aux étudiants en leur demandant de parler comme s'ils s'adressaient à un objet situé au fond de la salle. À Eloquentia, c'était souvent une chaise rouge ! Le dosage n'est pas évident. Il faut apprendre à parler avec son médium, découvrir comment sonne notre propre voix lorsque nos organes sont bien utilisés. Il faut pratiquer une respiration ventrale pour que la colonne d'air soit bien installée.

« C'est aussi une question de résonance, assure Pierre. Il faut réussir à amplifier le son primaire, celui qui est créé par les cordes vocales, en le faisant résonner dans toutes les cavités qui sont à notre disposition (nez, bouche, gorge). Cela fonctionne comme la caisse de résonance d'une guitare, si on met du tissu dans la caisse, le son sera étouffé et pauvre. »

Par les mêmes techniques de travail que celles utilisées pour le chant, on arrive à obtenir une voix qui s'amplifie d'elle-même, sans dépenser d'énergie.

« En plus de l'amplification, la voix devient riche en harmoniques, composée de plus de sons et gagne en rondeur. »

Les voix riches en imposent. Avec une voix riche, il est plus facile de donner son avis dans une discussion, de se faire entendre et comprendre. La personne qui maîtrise bien sa voix est en parfaite maîtrise de son potentiel, elle se connaît bien elle-même, elle ne se fait pas déborder par l'émotion ni par le stress. Elle a trouvé sa voix.

« Il faut une diversité de tons pour qu'une diversité d'énergies se diffuse. Ainsi, la voix doit être suffisamment entraînée pour que, quelles que soient les passions qui vont sous-tendre le discours, la voix reste le relais fidèle des émotions », précise Pierre. C'est ce qu'Emmanuel Macron n'a pas réussi à maîtriser lors de son meeting du 10 décembre 2016 à la porte de Versailles lorsqu'il s'est mis à crier : « C'est notre projet ! », totalement emporté par la ferveur de la foule autour de lui. L'émotion était trop forte par rapport à ses capacités vocales.

La voix est l'organe de l'expression des passions, le point de rencontre entre la psyché et le corps.

L'apprenti orateur doit comprendre qu'il faut qu'un basculement s'effectue entre sa voix quotidienne et sa voix d'orateur, une voix amplifiée. Même lors d'un entretien, d'un tête-à-tête, l'orateur doit apprivoiser ce que l'on appelle la voix d'implication au moment de la prise de parole.

Je crois aussi à la nécessité absolue de moduler sa voix tout au long d'un discours. La musicalité est essentielle. Un discours est comme une partition, il a ses accents, ses moments d'accélération, ses moments de ralentissement, ses passages plus ou moins forts. Personne n'écouterait un morceau de musique qui répéterait inlassablement une même note. Alors n'hésitez pas : variez le débit et le volume. On ne le fait jamais assez. Et si vous avez préparé un texte que vous aurez sous les yeux, vous pouvez tout à fait l'annoter : « 1-2-3 » avant de commencer pour penser à respirer, des smileys pour l'émotion à rendre, un slash pour une pause, un gras pour un accent, un warning pour un moment périlleux (une liaison délicate, un mot sur lequel vous risquez de buter), une liaison pour gérer la respiration (je dois aller jusqu'à tel endroit et c'est là que je vais respirer). Personne ne viendra regarder votre texte, vous pouvez donc vous l'approprier, même graphiquement, pour aider la déclamation.

### EXERCICES :

Pierre Derycke propose une suite d'exercices simples pour s'échauffer et développer la voix, à faire de préférence dans l'ordre proposé.

### La posture

La voix peut être puissante durablement et sans fatigue lorsque le corps est rassemblé autour de l'axe vertical. Pour cela, il faut s'aider d'un mur pour que le corps soit bien aligné. Aplanissez l'arrière de votre tronc en vous appuyant contre le mur, on essaie ainsi de gommer la cambrure du bas du dos et de ne pas déporter la tête vers l'avant. Respirez naturellement dans cette position en relâchant complètement le visage, à tout moment vérifiez que les épaules restent bien détendues. Sentez alors l'air passer librement dans la gorge et le ventre s'activer par lui-même.

Lorsque ces sensations sont bien claires, retrouvez la même qualité de posture sans l'aide d'un mur. Une légère bascule du bassin en avant et un beau port de tête vous y aideront. Vous aurez ainsi la gorge libre et le ventre actif.

## La paille imaginaire

En posture, faire comme si l'on soufflait dans une paille très longuement. Entre chaque expiration, on lâche la paille, on relâche la bouche sans perdre la posture alignée et on accueille à nouveau l'air. Ainsi, le ventre va devenir de plus en plus mobile. Puis, toujours en soufflant dans la paille invisible, on produira une légère phonation en créant le son de la lettre V. En plaçant la main devant la bouche, on vérifie que l'on a toujours un bon flux d'air sortant. On pourra amplifier l'exercice sur des syllabes plus ouvertes comme « voi », sans jamais perdre la connexion avec la « pompe ventrale ».

## Le bâillement

Pour se détendre, rien de tel qu'un bâillement bien sonore. C'est une façon de s'assurer qu'il y a un bon flux d'air sortant. Quand on ne maîtrise pas la technique vocale, il arrive que l'on ne donne pas suffisamment d'air à la voix.

On peut s'entraîner à appliquer ce bâillement sur une phrase « je-vais-bien » en détachant bien chaque syllabe puis petit à petit, essayez de relier tout cela, toujours en bâillant : « jevaisbien ». L'important est d'avoir la sensation que l'on se soulage de quelque chose.

## Le périph

Le corps bien rassemblé à l'aide – ou non – d'un mur, s'imaginer la situation suivante :

Je suis face au périph, je veux dire bonjour à mon ami qui est de l'autre côté. Le tout sans crier et sans se désaxer. Si la respiration et la posture sont optimales, vous sentirez le son surgir de profond, si ce n'est pas le cas, veillez à tendre la nuque et relâcher les épaules pendant l'acte phonatoire. Modulez le volume et les hauteurs pour créer une voix puissante sans fatigue.

L'idée est que le son irradie en cercles concentriques et non sur un axe horizontal. Amusez-vous à ouvrir grand les yeux comme pour suivre le développement de votre son dans l'espace. Vous travaillerez ainsi votre adresse.

Alexandra Henry, metteuse en scène qui intervient également dans l'équipe d'Eloquentia, propose deux exercices qui permettent aussi de travailler la modulation de la voix.

## Les chaises émotionnelles
On aligne quatre chaises côte à côte, et l'on prépare des petits papiers sur lesquels sont mentionnées des émotions : « anxieux », « triomphant », « méprisant », « surexcité », « pensif », etc. On dispose un papier sur chaque chaise et le participant choisit, avant de commencer l'exercice, une phrase de son choix (« pour vivre heureux, vivons caché », « au commencement était le verbe », « il n'y a pas d'amour heureux »). Le participant va s'asseoir successivement sur les quatre chaises et va tenter de faire deviner aux autres les mots qui sont inscrits sur les papiers posés sur ces chaises en disant sa phrase selon les quatre émotions.
Pour se préparer à cet exercice, on peut regarder un très célèbre extrait du film *Le Schpountz*, dans lequel Fernandel dit de façon totalement extraordinaire la phrase « tout condamné à mort aura la tête tranchée » – qu'il attribue à tort au Code civil ! – selon diverses intonations, et qui arrive à susciter le rire avec cette sentence pourtant sinistre.

## Les fruits et légumes
Pour montrer que l'intonation de la voix suffit parfois à se faire comprendre, on peut tenter de jouer une scène en se contraignant à remplacer les mots réels par des noms de fruits et légumes !

Imaginez, par exemple, un homme qui est accueilli par son épouse furieuse au petit matin alors qu'il a passé la nuit dehors et qui va devoir s'expliquer, ou la réconciliation de deux personnes qui s'étaient brouillées et qui se croisent dans la rue par hasard.

Voici un dernier exercice que je fais faire pour sensibiliser à la nécessité d'éviter la monotonie dans les prises de parole.

## Les discours multicolores

Varier la voix, c'est aussi varier le ton, le registre, la couleur du discours. Vous pouvez vous entraîner à faire un discours qui comporte au moins deux registres. Par exemple une déclaration d'amour poétique ET drôle. Un discours de mariage narratif ET exalté. Un appel à manifester crié ET chuchoté. Un discours de remise de décoration solennel ET moqueur.

---

1. **Bien respirer.**
2. **Ne pas crier.**
3. **Gérer son émotion.**
4. **Trouver sa voix d'implication.**

# Bête à concours

« *L'Indépendant*, deux francs, offrez-le à votre amant ! »

Je suis dans le hall d'entrée du 27 rue Saint-Guillaume, baptisé depuis des générations la Péniche en raison de la forme oblongue du banc qui s'y trouve, dans le VII<sup>e</sup> arrondissement de Paris. Juché sur une chaise, je joue les crieurs de journaux. Je suis apprenti journaliste pour la gazette de mon école, Sciences Po. Et tous les mercredis, je harangue la foule pour la vendre.

Rue Saint-Guillaume, je mets des visages sur des auteurs, des noms lus et relus sur les couvertures de livres : René Rémond, Michel Winock, Serge Berstein et Pierre Milza, Olivier Duhamel, Jean-Claude Casanova… une vraie bibliothèque vivante ! L'oralité est très présente dans la pédagogie de Sciences Po, qui repose en grande partie sur l'exercice de l'exposé de dix minutes, qui m'était jusqu'alors quasiment totalement inconnu. Mais pour moi, à ce

moment de mon parcours, la parole est encore ver-
rouillée. Je n'éprouve aucun plaisir à parler. Je suis un
étudiant moyen. J'étudie en parallèle le droit à l'université, mon temps est donc contraint. Et comme
le modèle quasiment unique de réussite que l'on
présente à l'époque à Sciences Po est l'ENA, et que
je n'ai pas vraiment d'idée d'un métier particulier, je
me laisse porter vers ce concours incroyablement exigeant et sélectif.

À cette période, je crois que ma parole est globale-
ment assez dure et illustre mon rapport aux autres :
dans une période de concours, on peut vite devenir
assez « compèt », et il faut avouer que la parole des
épreuves orales, chargée de stéréotypes et d'enjeux,
est tout sauf une parole spontanée et festive... Me
voilà donc recalé après un Grand oral, qui n'avait de
grand que le nom, où j'ai parlé de façon convenue
et assez ennuyeuse de l'intérêt général, de l'indé-
pendance de l'Inde et du commerce extérieur de la
France. Bref, rien de très exaltant.

Parallèlement, je me suis présenté à des concours
d'écoles de commerce et j'ai réussi celui d'HEC. À
l'oral, il y avait un exercice qui m'avait vraiment
plu : le « face à face ». Je me souviens encore de mon
sujet : « Faut-il faire entrer des chefs d'entreprise à
l'Académie française ? »

Le candidat dispose de cinq minutes de préparation puis fait face à un autre candidat, qui ignore le
sujet et doit répondre dans l'instant. Il faut exposer sa
position, convaincre l'autre et tenir sa position dans

le débat qui s'engage. Ensuite on inverse les rôles sur un autre sujet. C'est un bel exercice de contradiction. Même s'il y a un enjeu, il y a presque un côté ludique.

Me voici donc à HEC pour deux ans, à Jouy-en-Josas, sur le plateau de Saclay. Je n'y suis pas spécialement épanoui, car les relations ont du mal à se nouer entre les étudiants qui, comme moi, viennent d'une autre école, et ceux qui sortent directement de classe préparatoire.

Je ne me vois guère faire de la finance ou du marketing, alors je passe l'examen d'entrée à l'école d'avocat. Parmi les professions du droit, c'était celle qui me tentait le plus. Je ne voulais pas être magistrat. Je me sens tout à fait illégitime pour juger la vie des autres. J'ai le sentiment qu'un bon juge doit être une sorte d'être parfait, totalement dégagé des passions humaines pour se prononcer en toute impartialité, et je m'en sais tout à fait incapable.

Je m'oriente plus précisément vers une profession assez méconnue : celle d'avocat au Conseil d'État et à la Cour de cassation. Il s'agit d'une catégorie particulière d'avocats qui ont pour spécialité la représentation des parties devant les juridictions de dernier recours. Les avocats « de la dernière chance », en quelque sorte.

Seulement voilà, pour devenir avocat au Conseil d'État et à la Cour de cassation, il faut passer... un concours d'éloquence ! La Conférence du stage des avocats au Conseil d'État et à la Cour de cassation – c'est ainsi que ce concours se nomme – permet à des étudiants ou à de jeunes avocats de replaider, fictivement bien sûr, les grandes affaires qui ont été débattues dans l'année précédente devant les juridictions les plus importantes.

Le fond est très juridique, très technique, et la forme est très contrainte : quinze minutes, pas une de plus et pas une de moins, un plan en deux parties et deux sous-parties. Bref, c'est un peu scolaire, un peu austère, très rigoureux, pas très drôle, mais ça me convient bien. C'est une sorte de « premier palier » de réconciliation avec la parole. J'échoue à mon premier concours, au deuxième aussi, mais à cette occasion je rencontre un candidat qui me propose de venir travailler dans le cabinet où il exerce. Je n'ai pas gagné le concours, mais j'ai trouvé un poste, c'est déjà quelque chose !

Je suis donc collaborateur dans un cabinet d'avocats au Conseil d'État et à la Cour de cassation. La procédure devant ces juridictions étant principalement écrite, mon travail consiste à rédiger des mémoires, des argumentaires juridiques. C'est un peu monacal, parfois aride, souvent abstrait, mais à cette époque je n'éprouve pas le besoin d'avoir une activité plaidante. Pire, je regarde ceux qui ont choisi cette forme d'exercice avec une certaine suspicion. Je les prends un peu pour des danseurs de claquettes ou des charmeurs de serpent, et pour tout dire, je ne trouve pas ça très sérieux. La méfiance de l'oral, toujours et encore.

Finalement, à la suite d'un pari, je passe une troisième fois le concours. Et sur un sujet relatif à l'adage « Nul n'a le droit à une jurisprudence figée », je suis élu secrétaire de la Conférence des avocats au Conseil d'État et à la Cour de cassation, le titre que portent les quatre vainqueurs du concours. Pendant un an, je vais donc écouter les discours des futurs candidats, pour élire ceux qui succéderont à ma promotion. La réconciliation se poursuit !

# Structurer un discours

C'est à l'occasion de ce premier concours d'éloquence que j'ai mesuré l'importance de la structure d'un discours.

Même s'il est improvisé, un discours ne peut en aucune façon être un simple vagabondage erratique au cours duquel l'orateur se laisserait emporter au gré de son inspiration. Structurer son propos est absolument essentiel pour que l'auditoire ne soit pas perdu, qu'il soit pris par la main et conduit là où le locuteur veut l'amener.

Depuis que les Grecs et les Romains ont, dans l'Antiquité, théorisé cette structure, des traités entiers ont été consacrés à cette question. Je vais donc résumer et simplifier pour aller à l'essentiel : les cinq temps du discours.

## L'exorde (le commencement)

Il a un double but : susciter l'attention, voire la curiosité de l'auditoire, et attirer sur l'orateur la bienveillance et l'empathie. Les Anciens appelaient cela, de façon significative, la « captation de bienveillance ».

L'exorde fait appel à votre inspiration et votre talent. C'est ce que dit Paul Valéry : « Les dieux, gracieusement, nous donnent pour rien tel premier vers ; mais c'est à nous de façonner le second. »

Schématiquement, l'exorde peut prendre trois formes.

La première est l'hommage. Il s'agit pour l'orateur de manifester sa gratitude à l'égard de ceux qui l'ont invité à prendre la parole, et d'exprimer son bonheur de s'adresser à son auditoire. Il y a une forme de flatterie, sans doute, mais elle est efficace et classique. On peut dire : « Je vous remercie de m'avoir convié à partager avec vous mon intérêt pour [tel ou tel thème]. » « Je suis très heureux et très honoré de m'exprimer devant votre prestigieuse assemblée. »

La deuxième possibilité consiste à insister sur l'enjeu du discours. L'attention de l'auditoire est alors attirée par l'importance de ce que vous avez à dire. Là encore, plusieurs formules sont possibles : « Je voudrais vous faire une confidence », « Ce que je vais vous révéler est totalement inédit », « L'heure est grave ».

Ces deux premières possibilités sont, par exemple, combinées dans les premiers mots du fameux appel de l'abbé Pierre à l'hiver 1954, destiné à exhorter la population à apporter son aide à ceux que l'on n'appelait pas encore les « sans-abri ». Sur RTL, ce jour-là, l'abbé Pierre commence son intervention par : « Mes amis, au secours ! » Le « mes amis » est une façon de créer une proximité, une intimité avec l'auditoire, de commencer à jouer sur le registre du sentiment. Le « au secours » est une dramatisation de l'enjeu particulièrement efficace.

Il existe une troisième forme d'exorde, qui est plus artificielle mais qui fait florès dans les concours d'éloquence : l'exorde par la surprise. Il s'agit de consacrer ses premiers mots à des considérations qui, à première vue, n'ont rien à voir avec le sujet que l'orateur est supposé traiter. Le public est inévitablement surpris, et tend donc l'oreille. Et il va alors s'apercevoir que ce qu'il pensait très éloigné du sujet est en réalité très proche.

Voici un exemple. Un candidat au concours de la Conférence du Barreau de Paris – concours d'éloquence sur lequel je reviendrai un peu plus loin – est censé répondre à la question : « Le plaisir n'est-il que solitaire ? » Il commence son discours en décrivant une scène d'orgie érotique regroupant de nombreux participants empilés les uns sur les autres dont il dresse le portrait (un gros barbu, un jeune éphèbe, une femme élégante). Le public est éberlué par cette description de prime abord très inconvenante, jusqu'à s'apercevoir que les personnages évoqués par l'orateur sont en réalité ceux qui figurent sur les cartes à jouer et que l'empilement dépeint est celui des cartes dans le jeu dit du « solitaire ». En un instant, ce qui passait pour grossier était devenu pertinent, drôle et brillant, l'attention était captée pour le reste du discours.

À la fin de l'exorde, il est très important, quel que soit le type de discours, d'annoncer sa thèse. Il ne sert à rien de maintenir un faux suspense. Indiquez d'emblée l'idée générale que vous allez soutenir, pour que l'auditoire sache tout de suite où vous allez.

Devant un tribunal, cela peut donner, pour toute cette phase d'exorde : « [dramatisation de l'enjeu] Monsieur le président, on vient de requérir contre mon client une peine extrêmement lourde, extrêmement sévère. [annonce de la thèse] Or je vous le dis d'emblée, ces réquisitions ne correspondent en rien à la réalité du dossier, et j'entends démontrer que mon client est innocent. »

## La narration

Les phases du discours ont été théorisées, dans l'Antiquité, par des avocats. Or pour un avocat, il est indispensable de raconter dès le début de sa plaidoirie l'histoire qui s'est jouée et qui a conduit les parties devant le tribunal. D'où l'importance de la narration.

On constate aujourd'hui une résurgence de la narration dans les discours, notamment dans les discours politiques. C'est ce qu'on appelle le « storytelling ». Barack Obama, par exemple, maîtrise l'exercice à la perfection. Dans son discours de victoire, le 4 novembre 2008, il raconte l'histoire des États-Unis à travers celle d'une femme centenaire qui a connu l'esclavage et l'exclusion des femmes du droit de vote. La narration est un outil puissant car elle permet d'incarner concrètement une idée abstraite. Il s'agit d'un raisonnement par induction, qui part d'un récit individuel pour en tirer des conséquences générales.

## L'argumentation

C'est un temps essentiel, celui de l'énonciation des arguments qui viennent au service de la thèse que vous défendez : « Voilà pourquoi j'ai raison… »

Je reviendrai sur les types d'arguments, mais à ce stade, je voudrais insister sur trois aspects importants de cette phase d'argumentation.

D'abord, l'organisation des arguments eux-mêmes.

Il est recommandé de disposer ses arguments les plus forts au début et à la fin de la démonstration. Si vous commencez par des arguments faibles, le public ne vous suivra pas d'emblée et vous aurez du mal à le « récupérer ». À l'inverse, si vous finissez par des arguments faibles, la dernière impression sera négative et vous n'emporterez pas la conviction. Mettez donc vos arguments les plus faibles au milieu de la démonstration. C'est l'ordre qu'on appelle « nestorien », en référence au roi Nestor, héros de la guerre de Troie, qui organisait son armée de cette façon : les troupes les plus fortes en avant et en arrière et les troupes les plus fragiles au centre.

Ensuite, il me paraît essentiel de qualifier ses arguments. Un argument peut être économique, sociologique, écologique, religieux. Il est important de le dire d'emblée. Par exemple : « Je suis favorable au rétablissement du service national obligatoire pour trois raisons : une raison politique – le service national peut être un creuset de citoyenneté –, une raison économique – le service national peut donner à des jeunes une formation qui leur sera utile pour trouver un emploi –, et une raison militaire – le service national peut sensibiliser les jeunes à la défense du pays. »

Enfin, il est primordial que l'argumentation soit formulée de façon très claire : il faut être vigilant sur l'annonce de son plan, soigner les relances. On accompagne l'auditoire pas à pas, ce qui autorise une certaine lourdeur qu'on ne tolèrerait pas à l'écrit : « Il me semble que trois arguments majeurs plaident en faveur de cette thèse. J'aborderai d'abord… »

Il faut ménager des transitions : « J'en viens au second temps. » L'auditoire peut ainsi évaluer la durée, savoir où il en est. Ne pas hésiter non plus à ponctuer le discours de conclusions partielles :

« Je viens de vous expliquer dans un premier temps que..., je vais maintenant passer au second temps de mon intervention qui est de vous montrer que... », « C'était la deuxième question que je voulais aborder avec vous ».

Ces formules rythment le discours, et placent l'auditeur en sécurité, il se sent en confiance.

## La réfutation

Il ne suffit pas de démontrer que l'on a raison : encore faut-il aussi démontrer que l'adversaire a tort ! L'exercice de réfutation est un peu schizophrénique, puisqu'il suppose une capacité à se mettre dans l'esprit de son contradicteur pour imaginer les arguments qu'il va avancer et les contrer. Mais il est essentiel. Il prend une forme très simple : « Mes contradicteurs / opposants vous diront que..., mais c'est un argument qui ne tient pas parce que... » Par exemple : « Les tenants du retour à l'uniforme à l'école pensent que cette mesure effacerait les inégalités entre les élèves. Mais comment penser que les inégalités sont seulement vestimentaires, quand elles résident en réalité bien davantage dans les différences d'investissement éducatif des familles, qui ne sont pas gommées par l'uniforme. »

# La péroraison

La fin du discours s'appelle la péroraison. Elle a, comme l'exorde, un double but : d'abord résumer votre thèse et insister une dernière fois sur son bien-fondé, ensuite achever le discours d'une façon telle que le public ne peut avoir aucun doute sur le fait qu'il est terminé. Un peu comme la fin d'un morceau de musique dont on sait instinctivement, grâce aux harmonies employées par le compositeur, qu'il s'achève et dont les dernières notes, qu'elles soient très douces ou tonitruantes, sont perçues comme finales.

Si la péroraison est réussie, les applaudissements, ou la prise de parole de l'orateur suivant, viendront naturellement saluer ce succès. Mais il faut à tout prix éviter de terminer sur une tonalité qui laisserait à penser que le discours pourrait encore continuer, et qui contraindrait l'orateur à un « voilà » ou un « c'est tout » du plus mauvais effet.

Pour éviter cet écueil, retenez qu'il existe, là encore très schématiquement, deux types de péroraison.

## Vers le haut

On accélère le débit et on renforce l'intensité de sa voix. C'est la péroraison du type « Vive la République, vive la France ! ».

## Vers le bas

Tout au contraire, on baisse le ton et on ralentit le débit. On espace les mots, et les dernières syllabes sont posées, bien détachées.

Une des plus extraordinaires péroraisons est à mes yeux celle du discours prononcé par André Malraux à l'occasion de la panthéonisation de Jean Moulin, le 19 novembre 1964. Portée par la voix singulière, à la fois nasillarde et forte, d'André Malraux, elle me bouleverse à chaque écoute.

« L'hommage d'aujourd'hui n'appelle que le chant qui va s'élever maintenant, ce *Chant des partisans* que j'ai entendu murmurer comme un chant de complicité, puis psalmodier dans le brouillard des Vosges et les bois d'Alsace, mêlé au cri perdu des moutons des tabors, quand les bazookas de Corrèze avançaient à la rencontre des chars de Rundstedt lancés de nouveau contre Strasbourg. Écoute aujourd'hui, jeunesse de France, ce qui fut pour nous le Chant du Malheur. C'est la marche funèbre des cendres que voici. À côté de celles de Carnot avec les soldats de l'an II, de celles de Victor Hugo avec les Misérables, de celles de Jaurès veillées par la Justice, qu'elles reposent avec leur long cortège d'ombres défigurées. Aujourd'hui, jeunesse, puisses-tu penser à cet homme comme tu aurais approché tes mains de sa pauvre face informe du dernier jour, de ses lèvres qui n'avaient pas parlé ; ce jour-là, elle était le visage de la France… »

Cette péroraison exceptionnelle dure trois à quatre minutes, avec le *Chant des partisans* qui s'élève en fond sonore et le vent hivernal qui emporte presque les notes d'André Malraux. Un des immenses discours de la République.

---

**EXERCICE :**

### Le mini-discours

Pour bien intégrer la structure, efforcez-vous de faire un très bref discours qui comporte deux phrases d'exorde, deux phrases de narration, deux phrases d'argumentation, deux phrases de réfutation, deux phrases de péroraison.

Exemple : « (exorde) Je voudrais vous faire part d'une idée qui me semble importante pour que l'école joue mieux son rôle au bénéfice de nos enfants. (énoncé de la thèse) Je crois qu'il faut supprimer les notes à l'école primaire. (narration) Combien d'enfants reviennent de l'école traumatisés parce qu'ils ont eu une mauvaise note ? Combien d'enfants découragés et progressivement en échec scolaire ? (argumentation) Je crois que les notes sont inutiles et artificielles. Elles ne servent qu'à stigmatiser les plus faibles et ne permettent pas de valoriser la progression des élèves. (réfutation) J'entends bien qu'il est nécessaire que les élèves puissent s'évaluer. Mais ils peuvent le faire sans que l'acquisition des compétences prenne une forme chiffrée, qui peut s'avérer traumatisante. (péroraison) Alors mettons un terme à cette hiérarchisation, préservons nos enfants de la compétition à laquelle ils seront soumis bien assez tôt. Il y va de leur équilibre. »

1. Soigner son exorde. (début)
2. Raconter une histoire.
3. Énoncer les arguments.
4. Réfuter les arguments adverses.
5. Bien amener sa péroraison. (fin)

# La parole est une fête !

J'ai passé cinq jours à préparer mon texte. Cinq jours devant ma copie, cinq jours de doutes, de ratures, de papiers froissés et repris. Mais finalement, dans cette somptueuse bibliothèque des avocats, au cœur du Palais de justice, entouré par les grimoires précieux, les tentures des Gobelins et les plaques commémoratives, sur la moquette épaisse et face au lourd pupitre en bois, je vais bien devoir me lancer.

Ce soir, c'est le troisième et dernier tour du concours d'éloquence de la Conférence du barreau de Paris. J'ai trente ans. Je suis un peu là par hasard. Je suis toujours collaborateur dans le même cabinet d'avocats au Conseil d'État et à la Cour de cassation, et j'éprouve encore un sentiment de fascination-répulsion pour les discours. Mais je me suis piqué au jeu.

Lors d'un dîner, un confrère m'a convié à assister aux épreuves de ce concours ancestral, qui célèbre la tradition d'art oratoire du barreau, auquel peuvent participer les avocats de moins de trente-cinq ans et de moins de quatre ans d'ancienneté, et qui distingue chaque année douze lauréats, les « secrétaires de la Conférence ».

Je connaissais ce concours de réputation, mais je ne m'y étais jamais rendu. Je suis ressorti de cette soirée absolument ébloui. Les sujets étaient tantôt loufoques – « Les voitures rouges sont-elles plus rapides ? » – tantôt sérieux – « Faut-il brûler les lettres d'amour ? » – mais toujours les candidats parvenaient à déclamer des discours sensibles, percutants, drôles, brillants. Je me souviens en particulier d'une jeune avocate qui avait dû répondre à la question suivante : « Dieu a-t-il besoin des anges ? » Elle avait raconté que son père était mort lorsqu'elle était petite, qu'on lui avait expliqué qu'il était désormais un ange, et que depuis ce jour, pour elle non seulement Dieu avait besoin des anges, mais que c'était là sa raison de vivre. Son discours m'avait bouleversé.

Un petit conseil alors : si vous n'avez rien de particulier à faire un lundi soir entre janvier et juin – ça doit bien vous arriver, de temps en temps… – venez à 19 h 30 à la bibliothèque du Palais de justice de Paris, escalier A. L'entrée est libre, et c'est probablement l'un des meilleurs spectacles gratuits de Paris !

Quelques semaines plus tard, j'avais assisté, lors de la rentrée solennelle du Barreau de Paris, aux discours des deux premiers secrétaires de la Conférence. Le Premier Secrétaire devait faire l'éloge d'un avocat disparu et le Deuxième Secrétaire le récit d'un grand procès. Le Premier avait choisi d'évoquer Fidel Castro. Le Lider Maximo était alors encore vivant mais l'idée de l'orateur était de prouver qu'il était un avocat disparu dès lors qu'il était entré en politique. J'avais trouvé ce paradoxe habile, et le discours génial. Les phrases valsaient, nous étions transportés à La Havane, on pouvait presque sentir les odeurs de cigare et de rhum, la prouesse était époustouflante, et je me sentais bien incapable d'en faire autant.

Pourtant l'idée a germé et fait son chemin, et sans en parler à personne, j'ai passé, l'année suivante, le premier tour du concours. J'ai choisi mon sujet dans une liste. C'était : « Faut-il ouvrir les portes des paradis artificiels ? » J'ai décidé de répondre par la négative. Le résultat, avec le recul, n'était pas grandiose, mais j'ai été accepté au deuxième tour. À ce stade, plus question de choisir son sujet, pas davantage que sa position. J'ai donc dû répondre par l'affirmative à la question : « Le pire est-il à venir ? » Et pour corser le tout, la préparation était réduite à cinq heures, cloîtré dans une salle sans ordinateur ni téléphone. Je n'ai pas fait d'étincelles, mais me voici au troisième et dernier tour. Sur les 150 du départ, nous ne sommes plus que 24, pour 12 places.

J'ai alors tiré le sujet « Le droit est-il le souverain du monde ? » et je dois répondre « non ». Au cours de ces cinq jours de préparation, j'ai fait lire mon texte à quelques personnes de confiance, elles l'ont trouvé bon, et cela me rassure. Mais reste encore à le déclamer au mieux, à le porter le jour J.

Il y a beaucoup de monde dans la salle. Chaque année, le troisième tour du concours de la Conférence est un petit événement dans la vie du Barreau.

Je me lance :

« Des voleurs, des escrocs, des bandits !

Des gredins, des voyous, "tous pourris" !

Qu'est-ce que j'entends ? Les élus du peuple seraient trop payés ?

Erreur, ils ne sont pas trop payés, ils sont impayables.

Voyez plutôt. »

Je veille à ne pas parler trop vite, à bien articuler, je prends des respirations. Je balaie l'auditoire du regard, et je fixe surtout, face à moi, les visages des douze secrétaires de la Conférence, qui seront chargés d'élire leurs successeurs, et qui constituent donc le jury. J'enchaîne :

« Le droit n'est pas maître à bord, car il est soit absent, soit absurde… »

« Absurde quand son omniprésence le rend grotesque. Ainsi, je ne résiste pas au plaisir de vous donner lecture de ce monument de la littérature technocratique délirante que constitue l'arrêté du 17 mai 1990 réglementant la commercialisation des échalotes. Pour être vendues, ces dernières doivent présenter, je cite, "une cicatrice du plateau de la touffe, une asymétrie par rapport à l'axe de la touffe et à la coupe transversale du bulbe. Les bulbes doivent être fermes et consistants, exempts de renflements,

78

pratiquement dépourvus de touffe radiculaire, exempts d'odeurs et de saveurs étrangères"... »

Les premiers rires fusent. Je les espérais. Rien n'est pire que de dire un texte que l'on a cru drôle en l'écrivant, et qui ne suscite pas le moindre rire dans l'assistance. J'ai l'impression confuse que le public me suit, et je me détends. Pour la première fois de ma vie je me sens vraiment bien en parlant, pour la première fois la parole est un plaisir, plus encore : la parole est une fête !

Quelques jours plus tard, le verdict tombe : je suis élu secrétaire de la Conférence. C'est un vrai tournant pour moi et pour mon rapport à la parole. Pas vraiment une fin, mais plutôt le début d'une très belle aventure.

# L'élaboration d'un discours

Lors des concours d'éloquence, vous serez le plus souvent amené à délivrer un discours intégralement écrit. Je le regrette, mais peu nombreux sont les orateurs en herbe qui se lancent dans l'improvisation. J'y reviendrai plus tard.

Les sujets proposés lors de ces concours sont abstraits.

Il s'agit de répondre par l'affirmative ou la négative à une question fermée (du type « Les repas de famille sont-ils indigestes ? », « Avez-vous quelque chose à déclarer ? » ou « Les cols blancs sont-ils plus salissants ? »), et de convaincre l'auditoire que la thèse que l'on défend est la seule valable.

Ainsi c'est votre force de conviction qui sera jugée.

## L'analyse du sujet

En général, les sujets proposés sont polysémiques. Leur intérêt vient de cette pluralité d'angles d'attaque. Il ne faut donc pas s'arrêter au sens qui vient à l'esprit en premier. Examinez préalablement chaque mot du sujet pour vous demander s'il n'a pas plusieurs sens. Si tel est le cas, le discours réussi est soit celui qui évacue le sens premier pour se concentrer sur les sens périphériques et créer un effet de surprise par une sorte de « torsion du sujet », soit celui qui combine et articule tous les sens.

« Le temps est-il prévisible ? » Le temps est à la fois celui de la chronologie et celui de la météorologie.

« Faut-il tenter le diable ? » Tenter renvoie à la fois à la tentation et la tentative. Le diable n'est pas seulement celui des enfers, il s'agit aussi d'un petit chariot.

## Le champ lexical

Il est indispensable de rassembler, à propos de chaque mot-clé du sujet (ce que l'on appelle les entrées), la plus grande quantité possible de synonymes et antonymes. Faites également une liste des expressions, titres de livres ou de films où le mot apparaît. Labourez le champ lexical de ces mots-clés.

« L'amour est-il un libre-échange ? » Pensez à l'ensemble du vocabulaire économique sur le libre-échange, qui pourra s'appliquer de façon amusante aux relations amoureuses : droits de douane, délocalisations, OMC, dumping, taxe Tobin, pays émergents, protectionnisme...

« Le droit est-il le souverain du monde ? » Pensez aux expressions comportant le mot « monde » (tiers-monde, quart-monde, demi-monde). Pensez aux synonymes de « souverain » (roi, monarque) et aux mots associés (règne, trône, sceptre, droit divin, dauphin).

## Les axes de démonstration

Il s'agit de rassembler et d'organiser les idées qui vous paraissent pertinentes à l'appui de la thèse que vous défendez. C'est ce que les Anciens appelaient l'invention puis la disposition. Ce n'est pas un plan comme on l'entend d'ordinaire, avec parties et sous-parties. Il s'agit de mettre en place la succession des arguments, sans oublier la réfutation de la thèse adverse.

# Exemples

« Les mots doivent-ils être gardés à vue ? » par l'affirmative. D'abord, nous ne serions rien sans les mots, parce qu'ils sont notre bien commun et notre mode d'expression privilégié. On ne peut pas perdre les mots de vue, ceux qui le prétendent sont des illettrés volontaires. Ensuite, les mots doivent être gardés à vue car ils commettent des infractions (outrage, appel à l'insurrection). Enfin, c'est l'honneur des mots que d'être gardés à vue, car les mots ne sont rien s'ils ne sont pas rebelles.

Il n'est pas impossible, plutôt que d'organiser des arguments abstraits, de raconter une histoire. Mais il faut dans ce cas-là que l'histoire soit par elle-même démonstrative de votre thèse. C'est un exercice difficile.

## Les formules et les images

C'est, *in fine*, ce que l'on retiendra de votre discours. Parsemez-le de formules chocs, de raccourcis poétiques, de rapprochements inattendus ou amusants, de mots incongrus, de métaphores. Ils offrent des respirations. Les formules chocs sont comme un précipité de la pensée. Presque des slogans qui frappent l'esprit par la rime, l'allitération, les anaphores.

Demandez-vous : si un journaliste est dans la salle pour rendre compte de mon discours, qu'est-ce que je voudrais qu'il titre ? Ou pour les plus aguerris aux réseaux sociaux : si je devais résumer mon idée en un tweet ?

D'une façon générale, écartez de votre discours les mots inutiles, les facilités, les phrases dépourvues d'intérêt ou d'élégance. Soyez exigeant avec vous-même. Cultivez le goût du mot juste au service de la pensée libre.

## Les rythmes

Privilégiez le rythme ternaire (les formules par trois), qui est au cœur de la rhétorique classique.

Il est par exemple employé par Barack Obama dès l'exorde de son fameux discours *Yes we can* : « Je suis ici devant vous empli d'un sentiment d'humilité face à la tâche qui nous attend [1], reconnaissant pour la confiance que vous m'avez témoignée [2] et conscient des sacrifices consentis par nos ancêtres [3]. »

Un point important sur cette question de rythme : on n'écrit pas pour dire comme on écrit pour être lu. Le style oral impose certaines contraintes d'écriture. Demandez-vous toujours si vous pourrez dire la phrase que vous écrivez. Aurez-vous assez de souffle ? La phrase est-elle bien rythmée ? Est-elle trop longue, trop courte ? Y a-t-il un risque d'accroc oratoire parce qu'un mot est difficile à prononcer ? Le discours va-t-il « passer la rampe » ? L'avez-vous parsemé de phrases courtes, sans verbe, d'interjections, de questions oratoires ? Il est difficile de se rendre compte de ce genre de détails sans s'entraîner à prononcer à haute voix son discours. Répétez plusieurs fois – d'abord seul – afin d'identifier les moments où votre texte doit être modifié dans l'optique de sa déclamation à haute voix. Ces répétitions vous permettront aussi de repérer les endroits où vous devez ménager des silences, hausser le ton, accélérer ou encore ralentir le débit. Exercez-vous ensuite devant d'autres personnes sans refuser d'emblée leurs critiques et leurs conseils. Assurez-vous qu'elles ont compris votre propos et que celui-ci sert bien votre objectif. C'est également l'occasion de vérifier que vos traits d'humour font mouche... ou pas.

## Ce qu'il ne faut pas faire

Voici une liste, non exhaustive, des scories qui peuvent gâcher un discours.

Sont ainsi à éviter :

– Les vulgarités et les trivialités de tous ordres (dans les idées et dans les mots). On attend d'un orateur un langage soutenu et un vocabulaire choisi. Il ne s'agit pas d'être pédant, mais sauf très rares exceptions, jamais une grossièreté n'a servi un discours.

– Le métadiscours ou discours sur le discours. C'est tentant, c'est facile, mais ça ne fonctionne quasiment jamais. Bannissez les : « quand j'ai vu le sujet je me suis dit » et autres formules équivalentes.

— Les références à l'actualité polluent le plus souvent un discours, efforcez-vous au contraire de prendre de la hauteur et de faire rêver l'auditoire.

— Les formules journalistiques, telles « au creux de la vague », « dans un contexte mondialisé », « le scénario d'une crise globale », « le bras de fer », « le baroud d'honneur », « les dés sont pipés » et autres métaphores toutes faites.

— Les poncifs, les banalités, les lieux communs. Vous pouvez évidemment distiller ça et là des références culturelles, mais il faut qu'elles soient choisies et finement amenées. Par exemple au trop banal « Comme le disait Céline… », préférez « Le docteur Destouches l'avait déjà diagnostiqué : si les gens sont si méchants, c'est peut-être seulement parce qu'ils souffrent. »

D'une façon générale, les citations et autres références ne sont pas obligatoires. Ce que l'on cherche à connaître à travers un discours, c'est la personnalité de l'orateur. Une référence ne doit pas vous masquer. Elle est en revanche pertinente si elle est originale et si vous la maîtrisez bien. Dans ce cas en effet, elle vous révèle.

En résumé, un discours ne sert qu'à une seule chose : convaincre l'auditoire que votre thèse est pertinente. Tous vos efforts doivent être tendus vers cet objectif. N'hésitez pas en particulier à rappeler régulièrement votre thèse : une personne qui entrerait dans la pièce en cours de discours devrait pouvoir, en moins de deux minutes, deviner le sujet que vous traitez et la position que vous soutenez.

## La présentation du discours

Une fois le discours rédigé, il reste un travail important : l'organisation visuelle du texte. Il faut d'abord le scinder en de multiples paragraphes en fonction de son rythme : les blocs sont illisibles. Puis l'imprimer en grands caractères (police 18 ou 20) et interlignes doubles, sans note de bas de page ou renvoi.

On l'annote ensuite pour la lecture. Un discours est comme une partition. Indiquez les accents toniques, les respirations, les ruptures de rythme (accélérations, ralentissements, chuchotements, emportements). Mettez-vous des alertes aux passages difficiles à dire, sur les mots que vous avez du mal à prononcer, les liaisons sur lesquelles vous avez tendance à achopper. Si vous commencez votre discours par une histoire, écrivez avant le premier mot la didascalie : « Il était une fois », ce qui vous rappellera que vous devez prendre le ton d'un conteur. Repérez les articulations de votre discours et sachez où commence votre péroraison.

Même graphiquement, il est nécessaire de savoir où on en est. N'écrire que sur la partie haute de la feuille, car cela évite d'avoir le regard qui baisse, surtout ne pas écrire recto verso pour ne pas avoir à retourner ses feuilles, mais seulement à les glisser.

D'une façon générale, appropriez-vous votre texte. Il ne s'agit pas de l'apprendre par cœur, mais de le connaître de façon suffisamment intime pour ne pas être obligé de revenir en permanence à vos notes.

Pendant la présentation, vous aurez un lutrin ou un pupitre derrière lequel vous prendrez place. Placez bien votre texte. Avant de commencer, respirez, balayez l'assistance du regard et comptez jusqu'à trois.

Pendant la lecture, respectez les indications annotées en marge du texte. Demeurez le plus statique possible. Seuls vos bras peuvent bouger, pour souligner une idée, mais soyez économe de gestes (pas de gestes agressifs ou de martèlement de lutrin). Ne prenez pas de crayon. Posez bien votre voix, de façon à ne pas vous fatiguer. Parlez au-delà du dernier rang d'auditeurs. Donnez une image enthousiaste, et impliquez-vous dans le prononcé de votre texte. Soyez pleinement concentré. Ne vous laissez pas déstabiliser par la réaction de l'auditoire. S'il rit, ne riez pas vous-même, ne vous arrêtez pas trop longtemps, redémarrez sur la fin des rires pour conserver le rythme. Ne sortez pas de votre texte pour répondre à une interjection venant de la salle, sauf si vous avez une répartie extraordinaire.

Variez le ton. Lent, rapide, fort, doux, drôle, grave. On doit passer par tous les registres. On ne change jamais assez de ton.

Enfin, préparez votre péroraison. Quelques lignes avant la fin, la voix devient plus grave et le débit plus lent ou au contraire plus exalté. La tension se crée, et la formule finale tombe.

1. Analyser la polysémie du sujet.
2. Labourer le champ lexical.
3. Utiliser des images.
4. Bien rythmer le discours.
5. Organiser visuellement son discours.

# La corrida oratoire

Il existe à Paris, mais aussi de temps en temps à Toulouse, à Marseille, à Genève, à Bruxelles ou encore à Lausanne, un exercice singulier et méconnu, mais qui pourtant constitue à mes yeux la fête absolue de la parole. Il s'agit de la Conférence Berryer, du nom d'un célèbre avocat du XIX<sup>e</sup> siècle, statufié la main sur la poitrine dans la salle des pas perdus du Palais de justice de Paris, et qui était, selon les témoignages de l'époque, doté d'une éloquence tout à fait exceptionnelle.

Le quatrième secrétaire de la Conférence est chargé d'organiser ces soirées et de les animer. Par bonheur – on ne choisit évidemment pas son « numéro », qui vous est attribué par la promotion qui vous élit – c'est précisément ce poste qui m'a été attribué au sein de ma promotion. Pendant un an, je vais donc être le Monsieur Loyal de ces joutes oratoires où la parole n'a d'autre fin qu'elle-même, où le rire est un exutoire aux misères du monde que nous côtoyons quotidiennement en prison ou devant les tribunaux.

Imaginez la scène. Il est 21 h 30 – l'éloquence est vespérale – et un public nombreux et surchauffé, majoritairement composé d'avocats et d'étudiants, patiente depuis parfois plus de deux heures dans une salle d'audience du Palais de justice. L'entrée est libre, la salle n'est pas immense et la Berryer, comme on l'appelle, commence à avoir une solide réputation.

Dans un brouhaha indescriptible, les douze secrétaires de la Conférence – les lauréats du concours d'éloquence que j'ai évoqué plus haut – entrent dans la salle et s'assoient à la place ordinairement dévolue aux juges. Ils sont accompagnés d'un invité d'honneur, dont la présence a été annoncée au préalable, et qui va présider la soirée. Un homme politique, un écrivain, un comédien, un sportif, un journaliste, bref, une célébrité. En 2003, ma promotion a ainsi reçu, entre autres, Jean-Pierre Chevènement, Michel Field, Jacques Chancel, le père Guy Gilbert et Michèle Cotta. Par le passé, avaient été reçus notamment Salvador Dalí, dont il se dit qu'il serait arrivé au Palais de justice en compagnie d'une panthère, Jean-Paul Sartre ou encore Serge Gainsbourg, qui avait emmené les avocats finir la soirée au bar de l'hôtel Raphaël.

La Berryer est un exercice singulier. Elle commence par le portrait de l'invité, dressé avec mauvaise foi par l'un des secrétaires. Puis deux candidats – qui ne sont d'ailleurs candidats à rien, puisqu'ils n'ont rien à gagner, ni à perdre – déclament depuis le public un discours d'une dizaine de minutes sur un thème parfaitement absurde, généralement en lien avec l'invité (nous avions ainsi donné pour Jacques Chancel « Les fous sont-ils rois sur le grand échiquier ? » et pour Michel Field « Les mass media rendent-ils les masses médiocres ? »).

À l'issue de chaque discours, les secrétaires de la Conférence se lèvent tour à tour, du Douzième au Premier, pour formuler, en improvisation, une critique censée être mordante et drôle, de la prestation de l'orateur. L'invité d'honneur donne lui aussi son sentiment sur ce qu'il vient d'entendre. Et à la fin de la soirée, un ancien secrétaire de la Conférence vient, toujours en improvisation, faire la « contre-critique », en soumettant les secrétaires à la même critique que celle qu'ils ont fait subir aux candidats.

On l'aura compris, la Berryer est un spectacle, et la parole y est un pur plaisir. Aucun enjeu, seulement le bonheur de partager l'excitation du bon mot et de la réplique assassine, dans une ambiance survoltée. Avec aussi un vrai côté corrida, le public venant voir deux candidats, dont on a coutume de dire qu'ils sont soit ignorants soit masochistes, se faire étriller.

Ce n'est d'ailleurs pas toujours possible : lorsque j'étais secrétaire de la Conférence, s'est portée candidate pour la Berryer une jeune consœur alors totalement anonyme, qui a fait un tabac et a emporté l'adhésion du public, rendant la critique des secrétaires totalement impossible. Elle s'appelait Caroline Vigneaux et était promise à un très bel avenir sur les planches !

Je n'ai, pour ma part, jamais été candidat à la Berryer. J'aurais eu bien trop peur pour cela. Mais j'ai été, pendant mon mandat de secrétaire de la Conférence, dans la position de critique, puis, quelques années plus tard, dans celle de contre-critique. J'adore cet exercice d'improvisation, où l'on célèbre une sorte d'« esthétique de la méchanceté », où chacun joue un rôle obligé – les critiques doivent critiquer les candidats, la contre-critique doit critiquer les critiques. C'est absolument vain, mais c'est tellement jubilatoire.

En tant que secrétaire de la Conférence, j'ai également été chargé de juger les candidats qui se sont présentés au concours pour succéder à ma promotion. J'ai, dans ce cadre, écouté environ deux cents discours, et débattu de leurs qualités avec mes camarades. Les délibérations ont été vives et parfois âpres, mais c'est en écoutant des discours que j'ai forgé mon jugement et mon goût. Je me suis aperçu que j'étais attiré par les discours construits, solidement argumentés, pour tout dire classiques, que je préfère à des exercices plus libres.

Je n'ai jamais fait mystère de mon affection pour l'institution de la Conférence. Puisqu'elle m'avait réconcilié avec les mots, je lui devais une fière chandelle. Pendant un an elle m'avait aussi permis de vivre une aventure humaine hors du commun, avec des camarades de promotion qui avaient un mode d'exercice du métier d'avocat totalement différent du mien, que je n'aurais eu aucune chance de rencontrer autrement, et que je revois toujours, individuellement ou collectivement, avec un très grand plaisir. Ainsi, longtemps après avoir terminé mon mandat, j'ai continué à fréquenter les promotions suivantes, à assister au concours, à faire des contre-critiques de Berryer, à coacher des candidats et à participer aux jurys des concours d'éloquence créés dans les universités et les écoles sur le modèle de la Conférence, au point que certains me qualifiaient malicieusement de « Secrétaire perpétuel ».

J'ai aujourd'hui davantage de distance avec l'exercice. Même s'il s'agit d'une occasion unique de prendre la parole en public et de s'inscrire dans une tradition prestigieuse du Barreau de Paris – Gambetta, Vergès, Henri Leclerc, Jean-Denis Bredin et même... Jean Nohain ont été secrétaires de la Conférence ! – il s'agit toujours d'un exercice de déclamation qui, avec le recul, me semble ne constituer qu'un mode de prise de parole.

Jacques Charpentier – encore lui ! – le disait déjà : « Il existe à Paris une institution bizarre qui s'appelle la Conférence du Stage. Ce n'est qu'un concours où s'affrontent les jeunes avocats. On y entend des discours longuement étudiés, appris par cœur, et parés de tous les ornements qu'il convient de proscrire de l'art oratoire. Mais depuis un siècle et demi ce cénacle a fourni à la France la plupart de ses grands orateurs et il est peut-être la première école d'éloquence du monde. C'est ainsi. »

Tout le paradoxe est là, effectivement. Et pourtant plus de dix ans après, je garde de cette période de bouillonnement oratoire, où je consacrais souvent quatre ou cinq soirs de la semaine à cet art qui me fascinait – au point d'être dans une forme d'ivresse des mots – un souvenir impérissable.

Un dernier souvenir de la Berryer, avant de clore ce chapitre. Avec ma promotion, nous avions fait le pari un peu fou de convier le mime Marceau… Un mime dans cette arène de la parole, quel beau paradoxe !

Lors du dîner qui précède la conférence, il s'est assis à côté de moi. Il est resté silencieux tout le repas. Je me suis dit que s'il se comportait ainsi une fois dans la salle d'audience et devant le public la soirée allait être épouvantable. Ce sera tout au contraire une soirée magique, et probablement, hélas, l'une de ses dernières apparitions publiques. Il mimera, bouleversant, un procès jusqu'à l'exécution du condamné. Je ne peux, aujourd'hui encore, regarder la vidéo de ce moment sans avoir la chair de poule. Et puis c'est de lui que je tiens l'exercice évoqué plus haut de celui qui passe ses bras sous ceux de l'orateur pour faire les gestes de son discours. Il l'avait fait avec l'un de mes camarades de promotion, et on avait l'impression qu'il anticipait le discours. Ce soir-là, nous avons vraiment côtoyé un génie. Le mime Marceau a démontré l'éloquence du geste.

Après la Berryer, j'ai proposé de le ramener chez lui en voiture.

« J'habite Dreux... »

Il n'a pas prononcé un mot de tout le trajet.

# Présenter un discours

Au cours de vos études, ou pour vos proches à titre d'exercice, vous pourrez être amené à présenter un discours historique. C'est une tâche difficile, qui demande esprit de synthèse et conviction. Et c'est une excellente façon de vous entraîner à parler en public en toutes circonstances : l'analyse des grands discours du passé est une source d'inspiration très précieuse.

C'est l'exercice qu'avec mon confrère Antoine Vey, nous demandons à nos étudiants de Sciences Po, et vous pouvez parfaitement vous y essayer avec profit. Vous ferez ainsi, en cinq minutes, un « discours sur un discours ». Cela pourra aider les moins aguerris d'entre vous, puisque d'une part, vous ne partez pas de rien (il y a un sujet précis, une base, qui est déjà un texte riche), et puisque d'autre part je vous fournis ci-dessous une « trame-type » qui pourra vous être utile.

Choisissez le texte dont vous voulez parler en fonction de vos passions. Cela peut aller de la première

Catilinaire de Cicéron à l'intervention de Simone Veil à l'Assemblée nationale sur l'avortement, en passant par le discours de Dominique de Villepin à l'ONU sur la guerre en Irak, ou par le discours du « Québec libre » de De Gaulle.

## Le contexte du discours

Lorsqu'on présente un discours, il faut évidemment d'abord présenter son auteur, mais il ne s'agit pas d'en faire la biographie détaillée.

Rappelez seulement (sauf si c'est supposé être connu de tous, par exemple si vous choisissez l'appel du 18 juin) les éléments qui sont susceptibles d'éclairer le discours : quelle est la fonction sociale de l'orateur, homme politique, scientifique, écrivain, ecclésiastique, avocat, quelle est sa situation lorsqu'il prononce son discours (dans l'opposition ou au pouvoir, défendant la cause de telle ou telle personne, en position de force ou de faiblesse).

Indiquez ensuite qui sont les destinataires. La parole varie en fonction du public auquel elle s'adresse. Précisez si l'orateur a face à lui des sympathisants ou au contraire un public hostile, une assemblée politique constituée, une foule indéterminée ou un petit comité, un auditoire profane ou averti des questions traitées. Il vous faudra mettre en évidence les incidences de ce public sur le discours.

Puis demandez-vous quel est le but du discours. C'est la question essentielle que vous devez vous poser : pourquoi l'orateur prononce-t-il ce discours ? De quoi cherche-t-il à persuader son auditoire ? Quel bénéfice peut-il en tirer ? À l'inverse, que risque-t-il s'il échoue à convaincre ?

## Le contenu du discours

### Quel est le plan du discours ?

L'orateur adopte-t-il la structure classique (exorde, narration, démonstration, réfutation, péroraison) ou s'en écarte-t-il ? Quelles sont les articulations ? L'orateur respecte-t-il l'ordre nestorien (arguments forts, puis arguments faibles, puis arguments plus forts) pour présenter son argumentation ? Comment capte-t-il l'attention ? Comment passe-t-il d'un argument à l'autre ? Comment le discours s'achève-t-il ?

### La tonalité du discours

Le discours est-il plutôt dramatique, drôle, lyrique ou technique ? Le registre de langage employé est-il soutenu et/ou relâché ? L'orateur cherche-t-il à convaincre par des arguments rationnels et/ou à persuader en exaltant des sentiments (la peur, la haine, le sentiment d'appartenance...).

## Les ressorts du discours

Quels types d'arguments sont employés : arguments d'autorité, démonstration par l'absurde, comparaisons, syllogismes, raisonnements inductifs ou déductifs, etc. ?

Quelles techniques oratoires sont utilisées : questions oratoires, figures de style, phrases sans verbe, interjections ? Quel est le style de l'orateur : phrases longues ou courtes, rythmes ternaires ?

Enfin, pour conclure, vous pouvez expliquer pourquoi vous avez fait le choix de ce discours plutôt que d'un autre.

Choisir un discours, c'est parler de soi en parlant des autres. Pour quelles raisons avez-vous choisi ce discours ? Quels sentiments fait-il naître en vous ? L'admiration, le rejet, la peur, l'exaltation ? Le trouvez-vous convaincant et pourquoi ? Qu'en retenez-vous ? En quoi peut-il parler à chacun de nous, aujourd'hui ?

---

1. Parler cinq minutes pas plus.
2. Présenter l'auteur du discours et le contexte.
3. Quel est le but du discours ?
4. Comment « fonctionne » ce discours ? Quels sont sa structure, son lexique, ses arguments ?
5. En quoi le discours est-il encore d'actualité ? Quelle résonance a-t-il en vous ?

---

# Ce support d'infirme

Nous avons tous mis notre tenue de gala. Ce soir-là se tient à la Maison de l'Amérique latine, un magnifique hôtel particulier du boulevard Saint-Germain, la première édition de la Nuit de l'Éloquence. Créée par mon ami Antoine Vey, qui est alors un élève-avocat déjà très prometteur et qui deviendra quelques années plus tard l'associé d'Éric Dupond-Moretti, elle prend la forme d'un dîner caritatif à interludes oratoires. Entre chaque plat se succèdent donc les joutes, les jeux, les discours et les parodies de procès. Le panel est impressionnant : Éric Dupond-Moretti, bien sûr, mais aussi Philippe Bilger, Jacques Vergès, Henri Leclerc, Mario Stasi, Christian Charrière-Bournazel.

Antoine Vey, lorsque nous avions évoqué la programmation de la soirée, m'avait demandé si je songeais à quelqu'un pour clôturer la soirée. Je lui avais alors suggéré de convier un avocat genevois dont j'avais fait très brièvement la connaissance quelques mois auparavant lors d'une Conférence Berryer tenue à Lausanne, dont il assurait la contre-critique : Marc Bonnant. Je ne le connaissais pas avant, mais il m'avait fait ce soir-là très forte impression. Marc Bonnant avait donné son accord, à une seule condition : qu'on ne lui impose aucun thème et qu'il puisse clore les agapes en toute liberté.

Pour ma part, on m'a demandé de soutenir l'affirmative du sujet : « L'éloquence est-elle entrée dans la nuit ? » Comme si je préparais un tour de la Conférence, j'ai donc écrit un texte que je vais déclamer. Tout est prêt, réfléchi, pesé au trébuchet, j'ai consciencieusement choisi mes idées, mes mots, mes formules et mes images

À l'apéritif, j'apprends que le confrère qui devait soutenir la négative de mon sujet a un empêchement, et je fais part à Marc Bonnant de ma victoire par forfait. Je vais payer très cher cette forfanterie. La réponse ne se fera pas attendre : « Si vous n'avez pas de contradicteur, je serai celui-là. Quel est votre sujet ? »

Je redoute évidemment l'affrontement, mais après l'entrée, je me lève, je pose consciencieusement mes papiers sur le pupitre placé au milieu des tables et je me lance. Objectivement, cela fonctionne. Les rires sont au rendez-vous – l'alcool aidant, sans doute – et je suis poliment applaudi.

Marc Bonnant se lève alors, sans aucune note, se campe debout entre deux tables, et commence un quart d'heure d'une improvisation proprement renversante, dont je crois que je pourrais, aujourd'hui encore et après en avoir revu la captation vidéo, citer des passages entiers.

Avec une élégance inouïe, une drôlerie féroce et une éloquence éblouissante, Marc Bonnant va notamment tailler en pièces le lecteur que je suis, moi qui me suis accroché à mon texte pendant dix minutes.

Voici ses mots, qui résonnent toujours dans ma mémoire :

« La parole est fugace et éphémère, vous avez tort d'écrire. Naturellement l'improvisation obéit à d'autres règles. Votre texte est bon. Mais je suis d'avis qu'un orateur comme vous l'êtes assurément devrait se dispenser de ce support d'infirme !

La parole doit être chez vous un véritable jaillissement, soyez à l'écoute de votre parole intérieure, tentez cette aventure de ne rien préparer pour être le premier surpris de ce qui vous vient. Mes pépites sont pour le vent et mes trouvailles pour quelques mémoires qui me tiendront lieu d'archives, ainsi n'écrivez jamais. »

J'ai pris, ce soir-là, une bonne leçon. Je ne suis pas près de l'oublier. Elle va me marquer durablement.

Quelques semaines plus tard, après avoir reçu le DVD de la soirée, je prends mon courage à deux mains et j'ose écrire à Marc Bonnant, que je ne connais pas plus que cela. Une lettre de groupie, un peu ridicule et empruntée sans doute, mais sincère. Je n'attends pas spécialement de réponse. Mais Marc Bonnant n'est pas seulement un orateur hors pair, c'est également un homme d'une délicatesse et d'une courtoisie inégalées. Je reçois donc quelques jours plus tard une télécopie – ce n'est pas faire injure à Marc Bonnant que de révéler qu'il a un rapport contrarié au mail… – qui me touche au-delà de l'exprimable : « Je n'ai que de la facilité, vous avez du talent. Je n'ai jamais été ce que vous êtes, et vous serez ce que je suis. » De la part de cet homme que j'admire, ce message est inestimable.

Naîtra par la suite entre nous une amitié qui est l'un de mes plus grands bonheurs.

Mais au-delà de cela, j'ai retenu le message : « Débarrassez-vous de ce support d'infirme. » Depuis ce jour, je n'ai plus jamais écrit de discours. L'improvisation est devenue ma drogue.

J'aime l'improvisation car elle met l'orateur en danger. Si je ne fais que lire un texte, il ne peut rien m'arriver. Je vais nécessairement parvenir au terme de mon propos, sans encombre. Mais à vaincre sans péril, on triomphe sans gloire. Dans l'improvisation, l'orateur se place volontairement en situation de se trouver à court d'idées, ou à court de mots. Mais quelle adrénaline ! Et quel bonheur lorsqu'on parvient à bon port. Somme toute, j'ai le sentiment que celui qui prend la parole en public avec un texte a tout du funambule qui marcherait sur un fil situé à 10 centimètres du sol. C'est difficile, certes, mais c'est sans risque. Or on ne va pas au cirque pour voir un funambule à 10 centimètres du sol.

Alors prenez de l'altitude, soyez de véritables sans-papiers du verbe : improvisez !

# L'improvisation

Depuis ce jour béni où j'ai compris – où l'on m'a fait comprendre, plutôt ! – que je n'avais pas de plaisir à réciter un texte préparé, je ne parle plus que par improvisation.

J'ai désormais la conviction que le papier, loin d'être une aide pour l'orateur, est une prison.

Il l'est d'abord parce qu'il crée, presque physiquement, un obstacle entre l'orateur et l'auditoire. Avoir un papier, c'est inévitablement être tenté de le regarder, c'est donc prendre le risque de perdre son public.

Il l'est aussi parce qu'il vous prive de toute possibilité de vous adapter au message que vous renvoie votre auditoire. Si vous avez un texte, vous allez évidemment le déclamer tel qu'il est écrit. Or la réaction de la salle pourrait vous conduire à modifier ce que vous voulez dire. Dois-je insister sur un point qui suscite des regards interrogatifs, dois-je expliquer un argument qui laisse de toute évidence le public dubitatif, sont-ils encore avec moi ou dois-je récupérer leur attention par une rupture de rythme, dois-je accélérer pour tenir compte de leur fatigue, ou leur capacité d'attention me permet-elle de prendre mon temps ? À toutes ces questions, le lecteur n'a aucune réponse. C'est en cela que l'écrit est un carcan, et que seule l'improvisation libère.

Lire des notes, c'est aussi, d'une certaine façon, signifier au public que l'on fait peu de cas de lui : « J'ai prévu de dire cela, et je dirai cela, quelle que soit votre réaction. » Autant distribuer le script. Improviser, c'est au contraire admettre que le public est pour partie dans l'évolution du discours, que l'on s'autorise à le construire et à le faire évoluer au gré des signes de toute nature – rires, moues, mimiques, voire bâillements ! – que le public renvoie. L'improvisation est un hommage à l'auditoire.

La lecture pose aussi un problème de débit. Dès lors qu'en toute logique la lecture, au sens technique, ne vous pose pas de difficulté, vous pouvez lire un texte à un rythme très rapide. Mais la parole en public n'est pas un concours de lecture rapide. On ne parle pas pour soi. On parle pour les autres. Ce qui compte, c'est d'être compris. Or le rythme de la lecture n'est pas celui de la pensée. On lit plus vite qu'on ne pense. Si donc vous lisez, vous serez tenté de lire trop vite – ce à quoi rien ne fait obstacle, de votre point de vue – et votre débit sera trop rapide pour permettre à votre auditoire d'intégrer vos idées. À l'inverse, si vous improvisez, et que vous exprimez vos idées au rythme où elles vous viennent, votre débit sera nécessairement calé sur votre pensée, et vous ne courrez pas le risque du surrégime.

L'improvisation a aussi une réelle vertu d'authenticité. Elle permet à l'orateur d'exprimer de façon sincère les idées et les passions qui l'animent au moment de la prise de parole. À l'inverse, il y a, dans l'écriture en vue de la lecture, une part d'artifice. Quel crédit accorder à un orateur qui dirait, en lisant un texte préparé à l'avance : « Je suis très ému à l'instant où je prends la parole devant vous » ? L'émotion est un ressenti de l'instant, elle ne se décrète pas. Écrire à l'avance que l'on sera ému 24 ou 48 heures plus tard relève tout de même un peu de l'escroquerie, avec préméditation !

Je suis bien conscient du confort qu'offre le texte. Il rassure. Il a un effet « doudou ».

Mais je crois que seule l'improvisation permet d'être en permanence en prise avec le public, et donc de ne jamais perdre l'attention de celui-ci.

Pour toutes ces raisons, je vous invite à très rapidement cesser d'écrire intégralement vos interventions. Dans un premier temps, ce sera sans doute compliqué. C'est un peu comme lorsque, enfant, on vous a enlevé les roulettes d'étayage sur votre première bicyclette. Vous êtes tombé, mais vous êtes devenu un cycliste. Pour la parole aussi, sautez le pas.

Et surtout, ne substituez pas la récitation à la lecture. Les deux souffrent du même vice : elles sont antithétiques de la liberté. Qu'on le lise ou qu'on l'ait appris par cœur, le texte demeure une fausse bonne idée. Et c'est peut-être pire encore pour le

« récitateur », qui fait semblant d'improviser. Sauf talent exceptionnel, il ne faut que quelques instants pour le démasquer. À force de regarder en lui défiler son texte, il abdique toute faculté de modification dans l'instant. Et surtout, il revient à célébrer de façon un peu excessive le culte du mot, alors que c'est l'idée qui doit primer. Et l'idée peut être traduite par plusieurs termes. Les mots ne sont que l'incarnation contingente des idées. Faites-vous confiance, lancez-vous, comme lors d'une discussion entre amis ou en famille. Que je sache, vous ne débattez pas autour du gigot dominical avec un papier à la main, pourquoi le feriez-vous lorsque le public est plus nombreux ?

Attention toutefois : l'improvisation n'est pas l'art du n'importe quoi. Pour le dire rapidement, improviser ne s'improvise pas. C'est le sens de la phrase célèbre du grand improvisateur qu'était Winston Churchill : « Un discours improvisé a été réécrit trois fois. »

Le paradoxe de cet aphorisme n'est qu'apparent, et ce pour au moins deux raisons.

D'une part, l'improvisation n'est pas une génération spontanée. Elle ne naît pas de rien. Elle naît de l'histoire de l'improvisateur, de ses lectures, de ses expériences, de ses voyages, de ses réflexions. Parfois aussi de ses précédentes improvisations ! Le plus souvent, l'improvisation est la cristallisation éphémère, la forme donnée dans l'instant à une pensée qui s'est, quant à elle, construite de longue date. L'idée préexiste, c'est son incarnation en mots, sa formulation, qui surgit sur le moment.

D'autre part, l'improvisation peut ne pas être totale. On peut tout à fait s'aider de notes, d'un plan détaillé, de « bullet points ». Ce qui compte, c'est de se forcer à ne pas tout écrire.

Le discours prend alors la forme d'un slalom : il y a un point de départ, un point d'arrivée et des portes, qui sont des passages obligés. Entre ces points, le skieur trace librement sa route. Il en va de même pour l'improvisation. Ayez sur une page, qui restera sous vos yeux en permanence pour ne jamais risquer de vous perdre, la structure générale de votre intervention. Puis sur d'autres feuilles que vous passerez pendant votre discours, développez cette structure en notant les idées, les formules et les images que vous voulez absolument mettre en avant. Pour le reste, laissez-vous guider par votre instinct, qui vous mènera droit au but. Et s'il vous arrive d'achopper, de buter, de chercher vos mots, souvenez-vous que l'auditoire vous sera quoi qu'il en soit reconnaissant d'avoir pris le risque de rester en prise directe avec lui en improvisant, plutôt que d'avoir joué la sécurité en lisant.

L'improvisation est, par nature, un saut dans l'inconnu. Elle suppose donc une réelle confiance en soi. C'est pourquoi il faut s'efforcer de la travailler tous les jours, un peu comme un pianiste ferait ses gammes.

**EXERCICES :**

## Chronique radiophonique

Je vous propose, pour cela, un exercice de chronique radiophonique, que vous pourrez si vous souhaitez enregistrer pour mieux constater vos progrès et les défauts qu'il reste à corriger. Chaque jour, prenez un fait d'actualité qui vous a marqué, choqué, surpris, intéressé, etc., et faites sur ce sujet une chronique de deux minutes pour donner votre point de vue. Commencez, si vous voulez, par l'écrire intégralement (soit environ 300 mots). Puis de jour en jour, réduisez le nombre de mots écrits (30 mots de moins chaque fois, par exemple) tout en maintenant la durée de la chronique. Vous arriverez très rapidement à un simple squelette de texte, tout en tenant la durée. Vous allez très rapidement trouver votre style – drôle, poétique, militant, technique, narratif, argumentatif.

Vous trouverez aussi votre rythme. Vous apprendrez à « voir venir » le moment où vous allez être à court d'idées, ou à court de mots. Vous prendrez alors conscience de la nécessité, en cette hypothèse, de ralentir le débit, d'insérer une digression, d'ouvrir un « tiroir » (c'est-à-dire un élément de langage que vous connaissez pour l'avoir déjà utilisé, qui peut être un peu passe-partout mais qui vous permettra de gagner un peu de temps), comme à l'approche d'un feu rouge que l'on voit de loin. Si vous attendez d'être trop près, vous prenez le risque de piler et de caler, c'est-à-dire pour un orateur le risque du blanc. L'improvisation est aussi affaire d'anticipation.
L'improvisation suppose certes un lâcher-prise qui peut dans un premier temps effrayer, mais croyez-moi sur parole, elle est la condition sine qua non du grand frisson !

## L'autoportrait en texte à trous

Cet exercice requiert une préparation et se fait à deux. L'un des deux prépare un texte à trous qui commence toujours de la même façon : « Bonjour, je m'appelle…, je suis né le… à… » Puis le texte se poursuit, avec des « trous » çà et là. Le texte est projeté sur un écran face à celui qui fait l'exercice. L'orateur doit remplir les trous, en improvisation, au fur et à mesure que son partenaire fait défiler le texte à l'écran, jusqu'à la fin indiquée par un « // ». C'est non seulement un très bon exercice d'improvisation – il faut trouver une expression ou un mot pertinent pour remplir le « trou » dans l'instant – et un encouragement à adopter un débit suffisamment lent pour se donner un tout petit peu de temps de réflexion. Si vous parlez trop vite, votre partenaire fera défiler le texte trop vite, et vous aurez tôt fait de vous trouver face à un blanc que vous ne saurez pas remplir.

Voici quelques exemples de textes à trous.

*Exemple 1 :*
Bonjour. Je m'appelle…
Je suis né le… à…
Depuis que j'habite à Paris, je me dis parfois que…
Les valeurs auxquelles je crois le plus sont… et…
C'est pourquoi je trouve que la vie politique est aujourd'hui… et…
Pourtant, j'aimerais dire à Emmanuel Macron…
L'homme d'État que j'admire le plus est… car…
Mon rêve le plus fou serait de…
Et si j'écrivais mon autobiographie, son titre serait…//

***Exemple 2 :***
Bonjour. Je m'appelle…
Je suis né le… à…
Enfant, je me voyais devenir… ou…
Aujourd'hui je crains plutôt de devenir… voire…
Mes amis me trouvent…
Et mes ennemis me trouvent…
L'art oratoire m'inspire un sentiment de…
J'aime par-dessus tout…
À cet instant je voudrais être… car…
Mon sport favori est… même si…
Mon pire défaut est…
Et je veux vous dire…//

## Le cadavre exquis

L'exercice suppose une assistance assez nombreuse. Au début, je demande à chaque participant d'inscrire sur un papier, en grand format, un mot au recto et un mot au verso d'une feuille de papier. Je collecte et rassemble les papiers, puis j'amorce une histoire. Par exemple : « Lorsque j'étais petit, j'étais un enfant rêveur et je me créais des mondes imaginaires. Dans ces mondes… » Ensuite, je désigne d'un geste le premier participant qui va poursuivre l'histoire. Au moment où je le désigne, je lui montre un mot tiré de la pile que j'ai constituée, qu'il devra inclure dans sa « partie » d'histoire. Puis je désigne un nouveau participant qui va continuer l'histoire avec un autre mot, etc. Si un participant est très doué, je lui montre des mots pendant qu'il parle, pour qu'il les intègre immédiatement. Deux exigences : permettre à l'histoire de se poursuivre et être cohérent avec le récit tel qu'il a été commencé par vos prédécesseurs (c'est d'ailleurs un bon exercice d'écoute). Et, bien évidemment, il revient à l'animateur de relancer l'histoire lorsqu'il a le sentiment qu'elle s'enlise.

## Le fast and curious

Il faut là aussi une petite préparation, sur le modèle du célèbre Fast and curious. Il s'agit, comme dans le texte à trous, d'établir des « slides » comportant des alternatives. L'orateur se poste devant l'écran et lorsqu'une alternative apparaît, donne son choix ainsi que les raisons de celui-ci. C'est donc un exercice d'improvisation et d'argumentation. On passe ensuite à l'alternative suivante.

Quelques exemples d'alternatives :

« La liberté ou l'égalité ? »

« La bourse ou la vie ? »

« La valise ou le cercueil ? »

« Boire ou conduire ? »

« Lire ou écrire ? »

« Être ou ne pas être ? »

« L'aile ou la cuisse ? »

## Les photos

Dans le même esprit que l'exercice précédent mais cette fois avec des images. L'orateur se trouve devant un écran où vont défiler des images préalablement compilées – des personnalités, des paysages, des tableaux – et il doit, en improvisation, dire à la vue de l'image « j'aime » ou « je n'aime pas » et se justifier par une ou deux raisons. On change ensuite d'image.

# Le procès des *Fleurs du mal*

C'est presque un vrai procès. Presque... Nous sommes dans la majestueuse salle de la première chambre de la cour d'appel de Paris, celle où, comme tous les avocats au Barreau de Paris, j'ai prêté serment – car pour tordre le cou à une idée reçue, les avocats ne prêtent pas serment sur la Bible ou sur le code civil, mais plus simplement devant des juges ! Cette salle est parée de tapisseries, décorée de peintures, et ruisselante de dorures.

C'est dans cette salle qu'une association d'étudiants passionnés d'art oratoire, l'association Lysias de l'université de la Sorbonne, a décidé de rejouer le procès des *Fleurs du mal*, qui avait valu à Baudelaire et à son éditeur d'être condamnés le 20 août 1857 pour « outrage à la morale publique » à une amende de 300 francs, et au retrait de six poèmes du recueil.

Il m'a été demandé de requérir contre Baudelaire. Me voici ainsi – et c'est vraiment un rôle de composition ! – le successeur du « procureur impérial » – c'était le terme de l'époque – Ernest Pinard, celui qui avant de poursuivre Baudelaire avait poursuivi Flaubert pour *Madame Bovary* et qui poursuivra plus tard Eugène Sue, et qui avait donc de la liberté d'expression et de la licence que l'on peut accorder aux artistes une conception pour le moins étroite !

Marc Bonnant, pour sa part, défendra l'auteur des *Fleurs du mal*, bien mieux que ne l'avait fait son avocat réel, Chaix d'Est-Ange.

La séance est présidée par un confrère parisien, le très regretté Olivier Schnerb, orateur hors pair et immense spécialiste de Baudelaire.

Nous avons accepté à condition de ne pas faire une reconstitution du procès tel qu'il s'est déroulé à l'époque. Il ne s'agit pas de rejouer mot pour mot l'audience de 1857 – même si les minutes en ont été conservées. Il faudrait mettre aussi des habits d'époque, et chacun n'a pas vocation au ridicule. Nous souhaitons bien davantage évoquer le procès tel qu'on pourrait le vivre aujourd'hui à travers le prisme des notions de droit et de liberté d'expression, et du rapport entre la morale et l'art. Des questions universelles et contemporaines.

N'étant pas un spécialiste de Baudelaire, et sachant que je vais avoir fort à faire avec Marc Bonnant et Olivier Schnerb, qui pour leur part connaissent chaque recoin de son œuvre, j'ai passé une aprèsmidi à la bibliothèque de Beaubourg, pour me documenter un peu sur les tenants et les aboutissants du procès : les poèmes concernés, les chefs d'accusation, les arguments échangés, l'issue.

Je pensais pouvoir dégager un peu de temps dans la journée de l'audience pour préparer mon réquisitoire, mais les circonstances en ont décidé autrement. C'est la magie du métier d'avocat : on ne fait jamais dans la journée tout ce que l'on a prévu, et l'on fait toutes sortes de choses que l'on n'a pas prévues.

Je n'ai donc pas davantage qu'une trame, et une copie des poèmes incriminés, lorsqu'arrivent au Palais de justice Marc Bonnant, son épouse Marianne qui est devenue elle aussi une amie très chère et la nièce de celle-ci, la comédienne Carole Bouquet, qu'il a conviée à la soirée.

Marc Bonnant ouvre le procès par un discours de contextualisation. Il explique pourquoi ce procès est intemporel.

« Les gens parlent parce qu'ils sont, dit-il, il n'y a rien de plus charnel que la parole, c'est la chair qui se fait verbe ! »

Je commence à bien connaître ses thèmes de prédilection, ses idées et même quelques formules qu'il emploie régulièrement. Pour autant, l'enchantement opère à chaque fois. Il égrène les poètes emprisonnés, les livres interdits, la censure, donc les mœurs, la liberté et ses limites, la bienséance et la morale. Avec une part évidente de provocation, et pour les besoins de sa cause du jour, il soutient que la morale est l'affaire des « frileux », et des « peureux » et que les génies doivent se voir reconnaître une « liberté particulière qui est la condition de leur création ».

La joute est lancée. Il m'appartient maintenant de requérir contre Baudelaire. Juste pour le plaisir du jeu intellectuel et verbal, évidemment.

Je me lance dans une exégèse volontairement caricaturale des passages les plus équivoques des poèmes contestés. En les lisant de façon outrancière, en forçant le trait, j'essaie d'en accentuer l'aspect licencieux. À mon corps défendant, je m'érige en gardien de la morale bourgeoise, de la bienséance et des bonnes mœurs !

Apercevant des femmes dénudées sur les peintures du plafond de la salle, je vitupère la présence de ces visions trop charnelles qui perturbent nécessairement la sérénité de la justice.

Après avoir accusé Baudelaire de tous les maux, l'avoir dépeint comme l'auteur de poèmes abjects, l'avoir stigmatisé sous les traits d'un provocateur de salon, je requiers, à titre de peine, qu'il soit condamné à être bredouillé par des générations et des générations d'élèves qui ânonneront ses rimes avec moult fautes de liaisons. Connaissant la suite, je sais que je vais être exaucé ! C'est l'avantage de la clarté des visions rétrospectives…

Puis je termine en me démasquant, en avouant que je ne pense pas un mot de ce que je viens de dire, mais que j'ai endossé mon rôle ingrat uniquement pour être aux premières loges pour écouter la plaidoirie de Marc Bonnant.

Et je ne suis pas déçu, tant celle-ci est éblouissante, virtuose, érudite, puissante, drôle, bref époustouflante.

J'en retire deux conseils.

D'abord, lorsque vous êtes dans l'excès, dans le second degré – c'était, ce soir-là, notre situation commune – soyez-y totalement. Outrez le propos pour qu'il n'y ait aucun doute sur le fait que vous ne pensez pas réellement ce que vous dites. S'il y a un risque de malentendu, l'aspect comique, qui naît de la connivence entre l'orateur et le public, peut se perdre.

Ensuite, alternez les styles. Un discours est toujours meilleur s'il est multicolore, s'il alterne les émotions et les registres : le récit, l'argumentation, l'indignation, l'humour, le sérieux, le rêve, la poésie. Vous pouvez utiliser les changements de style lorsque vous sentez que l'attention du public chancelle. C'est une bonne façon de récupérer votre auditoire. N'hésitez pas à réaliser cet exercice à froid, même seul, en vous efforçant de prononcer un petit discours de circonstance – l'éloge de quelqu'un, un discours d'anniversaire ou de mariage, une remise de décoration, un mot de départ à la retraite – et en vous forçant à passer en deux minutes par au moins trois registres.

Après le réquisitoire, le président Olivier Schnerb rend un verdict, en vers ciselés par sa plume alerte et élégante :

« Voici donc arrivé le temps de la sentence. / Allons-nous effacer par un baume apaisant / Le camouflet cuisant de notre intolérance / Tel qu'il fut appliqué à ces trois délinquants ? / La défense a plaidé qu'il n'est point outrageant / De donner la parole aux ennemis du bien / Dès lors que le poète à travers les méchants / Condamne des propos qui ne sont pas les siens. / Quand les bois de justice enlacent le poète /Lacenaire ou Villon, les vers ont peu de poids. / Mais pour les fleurs du mal la justice est fluette / Car l'amour on le sait ne connaît pas de loi. / Jamais un tribunal, au nom de son public / Il faut comprendre ici tout le peuple français / Ne saurait censurer les élans poétiques / D'un albatros tombé sur un pont ou un quai. »

Baudelaire est relaxé. La soirée a été magique. La luxuriance de la parole et la profusion des idées. J'en garderai un souvenir impérissable.

Encore aujourd'hui, parfois, Marc, que je tiens régulièrement informé du nombre de vues de la vidéo de la soirée sur Internet, me dit : « Alors Bertrand, quand jouons-nous à nouveau ensemble ? »

# Débattre en toutes circonstances

La formule « Des goûts et des couleurs, on ne discute pas » est un aveu d'échec terrible. Pourquoi donc ne débattre que des choses sur lesquelles on pourrait tomber d'accord ? Je crois au contraire qu'il faut débattre de tout, que rien ne mérite d'être soustrait au débat. C'est en passant l'épreuve de l'affrontement qu'une théorie révélera sa force ou sa faiblesse. Et puis le débat d'idées est aussi une façon d'éviter les rapports de force physiques. Souvent, la violence naît de l'incapacité à confronter les points de vue. L'écoute, plutôt que les coups. Débattre, plutôt que se battre.

Je crois qu'il existe une différence essentielle entre le débat que l'on a en privé et celui que l'on a en public.

Le débat que l'on a en privé sert à élaborer sa pensée, celui que l'on a en public – typiquement le débat politique – sert à faire triompher sa pensée.

Cela suppose des états d'esprit très différents. Dans le débat privé, la conviction n'est pas forgée.

Et précisément parce que les convictions sont encore susceptibles de vaciller, on cherche à convaincre son contradicteur. C'est pour lui que l'on parle, pour tenter de le faire changer d'avis, de le déstabiliser dans ses certitudes.

Dans le débat public, c'est totalement différent, l'adversaire n'est pas là pour changer d'avis, il est là pour exprimer une conviction.

Le destinataire de la parole n'est donc pas le même selon que le débat est privé ou public. Dans le débat privé, je parle pour mon interlocuteur. Dans le débat public, puisque mon adversaire est hors de portée de la conviction (on n'imagine pas Donald Trump dire à Hillary Clinton : « Oui, finalement, j'ai bien entendu ce que vous avez dit, vous avez raison, je vais voter pour vous » !), je parle pour convaincre les tiers indécis. Mon adversaire n'est qu'un prétexte, et ses arguments ne me servent que pour rebondir et contrer.

D'où des méthodes de discussion radicalement différentes. Dans le débat privé, j'écoute pour comprendre. Dans le débat public, j'écoute pour répondre. Dans le débat privé, la pensée est en mouvement, elle est malléable. Dans le débat public, la pensée est à l'arrêt, elle s'est muée en conviction, elle s'est figée, cristallisée. Dans le débat privé, j'arrive seulement avec un socle de valeurs et d'a priori que j'accepte de passer au crible de la confrontation, dans le débat public, j'arrive avec des éléments de langage complets que je vais délivrer.

En un mot, le débat privé peut être de bonne foi, alors que le débat public est un jeu de rôles, et est donc nécessairement de mauvaise foi, puisque personne n'acceptera de perdre la face.

Dans le débat privé, il faut poser les termes du débat et définir les présupposés : jusqu'où va notre désaccord ? Par exemple, on peut être d'accord sur les principes et non sur leur mise en œuvre.

« Je ne suis pas d'accord sur le port du voile. » Mais est-ce que cela a trait à un rapport différent à la laïcité, au divin, à la cause des femmes ? À la fin du débat on peut se dire : « Finalement on est d'accord sur le principe de la laïcité mais pas d'accord sur la façon dont elle se manifeste. » Le débat peut aussi partir à la recherche de ce qui nous rapproche plutôt que de ce qui nous sépare. Cela suppose de se positionner honnêtement et de ne pas caricaturer la pensée de l'autre, à l'inverse du débat public où l'on va forcer le trait de la pensée adverse, la tourner en ridicule pour la combattre.

C'est pourquoi dans le débat public, on a recours à des sparring partners pour se préparer à la joute verbale. Les politiques le font, et malgré tout parfois ils échouent. Ainsi, en 1988, lors du débat d'entre-deux-tours présidentiel, il y a eu deux moments d'une très grande violence qui ont illustré l'insuffisante préparation de Jacques Chirac.

Le premier est très célèbre. Jacques Chirac, alors Premier ministre, fait une longue tirade sur son rapport à François Mitterrand, président de la République, et conclut : « Vous me permettrez donc de vous appeler monsieur Mitterrand. » La formule a évidemment été préparée. Loin d'être déstabilisé François Mitterrand rétorque, avec un petit sourire en coin : « Vous avez tout à fait raison monsieur le Premier ministre. » Jacques Chirac est littéralement séché. Comment, ayant préparé son « Vous me permettrez donc de vous appeler monsieur Mitterrand », a-t-il pu ne pas voir le coup d'après ?

Dans le même débat, un peu plus tard, les deux hommes ont une passe d'armes sur l'affaire Wahid Gordji[1]. Après un long développement sur l'affaire, Jacques Chirac conclut à l'adresse de François Mitterrand : « Pouvez-vous, en me regardant dans les yeux, contester ma version des faits ? » La maladresse est évidente. En posant cette question, Jacques Chirac se met à la merci de François Mitterrand. Il parie sur sa bonne foi en pensant qu'il n'osera pas contester. Mais on l'a dit, le débat public n'est pas le royaume de la bonne foi ! La sanction ne se fait pas attendre : « Dans les yeux, je la conteste », assène Mitterrand, sans ciller.

D'où une recommandation essentielle : un débat, c'est comme une partie d'échecs, pensez toujours au coup suivant.

---

1. Diplomate iranien accusé d'avoir commandité des attentats dans Paris.

**EXERCICES :**

## Le ping-pong d'arguments

L'exercice se joue à plusieurs. Répartissez-vous en deux équipes, de part et d'autre d'une table ou d'une ligne imaginaire, trouvez un sujet de débat (pour ou contre la télé-réalité, pour ou contre la discrimination positive, pour ou contre le clonage humain, pour ou contre les sondages, pour ou contre l'énergie nucléaire, pour ou contre la mondialisation, pour ou contre le CV anonyme, pour ou contre le plafonnement des rémunérations des dirigeants, etc.).
Un membre de l'équipe qui défend le « pour » donne un premier argument. Un membre de l'équipe qui défend le « contre » réfute cet argument et donne un nouvel argument. La main passe à l'équipe du « pour » dont un membre réfute l'argument et ajoute un argument, etc. Chaque participant doit avoir pris une fois la parole avant de faire éventuellement un « deuxième tour ». La première équipe qui n'a plus d'argument a perdu.

## Débattre en fonction de sa situation

L'exercice se joue sous la forme d'un plateau de télévision avec un animateur chargé de distribuer la parole. Trouvez un thème, et attribuez ensuite à chacun un « rôle » en fonction duquel il devra argumenter. Par exemple, dans un débat sur « Pour ou contre la réouverture des maisons closes ? », vous pourrez désigner un parlementaire, un médecin, une autorité religieuse, un sociologue, une personne qui se prostitue, un membre d'association de soutien aux personnes qui se prostituent, un client... Il s'agit surtout ici de faire sentir aux participants que l'on n'argumente pas de la même façon selon qui l'on est, et selon la légitimité dont on dispose (la légitimité politique, la légitimité scientifique, la légitimité de l'expérience, la légitimité spirituelle, etc.). Chacun doit avoir, lorsqu'il prend la parole en premier, trente secondes « sanctuarisées » pendant lesquelles il ne peut être interrompu. Ce temps doit lui permettre d'exposer son argument majeur de façon concise et claire. Ensuite, il peut être interrompu pour que le débat se noue. L'animateur veillera à répartir équitablement la parole et à relancer le débat s'il s'enlise.

## Le débat parlementaire

Il s'agit d'une tradition britannique extrêmement codifiée qui peut se résumer de la façon suivante :

Deux équipes de quatre personnes s'affrontent. L'une représente le gouvernement qui dépose un projet de loi (la motion), l'autre représente l'opposition qui dénonce ce projet. Le gouvernement est représenté par un Premier ministre, deux ministres et un secrétaire général. L'opposition est représentée par un chef de l'opposition, deux députés et un secrétaire général.

Le premier orateur est le Premier ministre. Il est chargé de présenter la motion (qui est toujours formulée en commençant par « ce gouvernement » : « ce gouvernement instituerait un revenu universel », « ce gouvernement supprimerait l'ISF » ou « ce gouvernement rétablirait les peines planchers ») et ses principaux enjeux, ainsi que les arguments qui seront développés par les ministres qui vont lui succéder. Vient ensuite le chef de l'opposition, qui présente les raisons essentielles de son refus de la motion et annonce les députés qui vont s'exprimer. La parole est ensuite successivement donnée au premier des deux ministres, au premier des deux députés, au second des deux ministres, puis au second des deux députés. Enfin, le secrétaire général du gouvernement puis celui de l'opposition viennent clôturer tour à tour le débat en résumant ce qui a été dit par leur camp et en réfutant les propos du camp adverse.

Chaque intervention dure cinq minutes. Pendant la première et la dernière minute, l'orateur ne peut être interrompu. En revanche, entre la deuxième et la quatrième minute, un orateur peut être interrompu par un membre de l'équipe adverse, qui se lève pour poser une question. L'orateur qui s'exprime à ce moment a le choix de prendre ou de refuser la question, c'est-à-dire d'autoriser celui qui s'est levé à la poser ou non. Il n'a pas à s'expliquer sur le choix qu'il fait, mais un orateur qui refuserait toutes les questions méconnaîtrait la nature même de l'exercice, qui est un débat.

À l'issue de ces échanges, dans la tradition, le public sort de la salle en se divisant en deux, les personnes favorables à la motion sortent par une porte et les personnes qui y sont défavorables sortent par une autre porte.

Le jury pour sa part désigne la meilleure équipe – celle qui a été la plus homogène, la plus soudée, la plus convaincante, la plus cohérente, la mieux organisée dans son argumentation – ainsi que le meilleur orateur, qui peut être ou non dans l'équipe gagnante.

## Exercices de conviction

Les mises en situation d'argumentation individuelle sont évidemment innombrables. En voici quelques-unes, qui supposent la participation de cinq ou six personnes.

Première situation : le *Titanic* est en train de couler, il reste une place sur le canot de sauvetage, vous devez convaincre ceux qui s'y trouvent déjà de vous y admettre.

Deuxième situation : les participants sont des frères et sœurs dont les parents possèdent une maison. Chacun doit convaincre les parents que c'est à lui que la maison doit être léguée.

Troisième situation : un savant vient d'inventer une pilule d'immortalité, mais il ne peut en produire que deux exemplaires. Il s'en réserve une et vous devez le convaincre de vous donner l'autre.

Quatrième situation : la Terre va être détruite par un astéroïde. Il reste une place dans une capsule qui va aller reconstruire une civilisation sur Mars. Vous êtes un personnage célèbre actuellement vivant, et vous devez convaincre que cette place est la vôtre. C'est ainsi que sont partis sur Mars, au gré des publics auxquels j'ai proposé cet exercice, Beyoncé, Donald Trump, Cristiano Ronaldo, Cédric Villani ou Woody Allen…

Assez instinctivement, vous allez retrouver dans ces exercices des « topiques de conviction » constants : la pitié (« je dois survivre car je suis pauvre, car je suis malade »), la récompense (« si vous me choisissez, je vous récompenserai de telle ou telle manière »), la menace (« si vous ne me choisissez pas, vous en serez puni de telle ou telle manière »), l'appel aux valeurs (« vous devez me choisir car nous partageons telle ou telle valeur ») ou à l'honneur (« vous devez me choisir pour respecter vos valeurs, préserver votre honneur »).

Somme toute, rien n'a vraiment changé depuis la Grèce antique. Lorsque dans l'*Iliade*, au chant IX, Agamemnon envoie des messagers trouver Achille pour le convaincre de reprendre le combat avec les Myrmidons aux côtés des Achéens, Ulysse utilise le registre de la récompense, Phénix celui de la supplique et Ajax celui de l'honneur.

### La vente aux enchères

Prenez un objet de votre choix. Vous allez tenter de le vendre aux enchères aux autres participants, comme le ferait un commissaire-priseur. Vous devrez décrire ses caractéristiques essentielles, vanter ses qualités, expliquer pourquoi il est unique, utile, beau. Vous en justifierez la mise à prix. Préalablement, vous aurez divisé le public en deux, les uns se voyant assigner, à l'avance, la tâche d'expliquer, après votre intervention, pourquoi ils vont acheter l'objet, les autres d'expliquer pourquoi ils ne vont pas l'acheter.

1. **Poser les termes du débat.**
2. **Savoir formuler ses arguments de façon claire et concise.**
3. **Penser au « coup d'après ».**
4. **Éviter l'invective.**

# Foire aux bestiaux !

Je déteste les entretiens d'embauche. J'en ai passé très peu dans ma carrière. Pour mon premier stage, un cabinet d'avocats situé dans une tour à la Défense était venu me chercher. Je n'ai même pas passé d'entretien, je devais partir faire mon service militaire en août, je ne pouvais donc honorer qu'un mois de stage. Ils m'ont pris quand même. Ce fut le pire stage de ma vie. Le premier jour je suis sorti du cabinet à 2 heures du matin. Tout seul sur l'esplanade de la Défense à regarder mes chaussures. Les gens étaient tous fous, l'environnement était affreux. Cela n'avait aucun sens. De cabinet d'avocats, il n'en était pas vraiment question. On faisait des recherches et on écrivait des notes dont on ignorait la raison d'être, sans l'idée de défendre une personne ou une cause. Les jeunes avocats avaient l'air hagard et dépressif, ils n'avaient jamais rencontré un client ni mis une robe de leur vie hors le jour de leur prestation de serment. Mes autres stages – qui ont dûment été précédés d'entretiens formels – ont été plus enthousiasmants.

Je me souviens avoir passé quelques mois dans un cabinet d'avocats français implanté à Bruxelles. Pour le compte d'un État africain producteur de cacao, nous avions mission de retarder l'adoption d'une directive qui permettrait d'appeler « chocolat » un produit réalisé avec une matière grasse autre que le beurre de cacao. Nous étions aux frontières du droit, de la politique, du lobbying et c'était absolument passionnant… surtout pour le grand consommateur de chocolat que je suis !

J'ai également eu le privilège d'être stagiaire quelques mois dans le cabinet de l'immense avocat et écrivain Jean-Denis Bredin. J'en garde le souvenir d'un homme d'une courtoisie permanente, d'une égalité d'humeur exceptionnelle, y compris avec les plus jeunes. Et puis, quand il n'était pas là, nous pouvions aller contempler le tableau de Monet qui trônait dans son bureau !

Aujourd'hui, quand je dois recruter quelqu'un, je regarde bien sûr ses diplômes – et je m'attache à ce qu'ils démontrent une polyvalence la plus importante possible – mais je me détermine surtout en considération des stages que le candidat a accomplis. Pour dire les choses de façon claire et peut-être un peu abrupte, je ne recruterai pas quelqu'un qui, au cours de son cursus (c'est-à-dire, en général, quatre ans après le baccalauréat), n'a pas fait un seul stage d'été, fût-il de quelques semaines. Cela peut être des stages tout simples, pas forcément en rapport avec le droit, comme guide touristique, vendeur ou guichetier. Mais lorsqu'il est effectué de façon volontaire, le stage est le signe d'une motivation, d'une envie, qui sont pour moi beaucoup plus déterminantes que tel ou tel diplôme.

Je n'aime pas faire passer les entretiens d'embauche. Il y a un côté « foire aux bestiaux » que je trouve humiliant. La parole est sous contrainte. Les questions sont aussi formatées que les réponses. En réalité, cela ne révèle rien des gens. C'est complètement artificiel. Quand on vous demande « quel est votre plus gros défaut ? », vous répondez « je suis perfectionniste », cela n'a aucun sens. La parole est ultra codifiée, d'un côté comme de l'autre. Elle est complètement décryptable. Elle n'a aucune vérité. C'est en travaillant avec les gens que l'on se rend compte de leurs qualités humaines et professionnelles. La relation de travail fait naître la confiance. Le CV et la lettre de motivation sont des prérequis. Je suis un peu rétif aux demandes de stages adressées par le biais des réseaux sociaux. De même l'idée qu'une lettre ou un mail de motivation ne soient pas personnalisés, que le candidat n'ait pas fait l'effort d'adapter son message au destinataire me rebutte. Et, bien évidemment, la faute d'orthographe, de syntaxe ou de grammaire est rédhibitoire.

Je ne suis pas du tout hostile à la recommandation, dans le processus de recrutement. Bien au contraire, la recommandation prouve que le candidat a su tisser son réseau, que lors de ses études, il a su ne pas se limiter à suivre une activité scolaire. Se rendre aux audiences, faire un stage dans un journal, participer à des concours d'éloquence, s'investir dans une association, tout cela prouve que l'étudiant est motivé, plus que celui qui s'est contenté de préparer ses travaux dirigés. Le côté « coupe-file » qui en découle ne me paraît pas injuste. Ce n'est pas à proprement parler un piston. Je n'ai jamais pris de vrais pistonnés, le fils d'un client par exemple. En revanche, recruter quelqu'un parce qu'il a su se faire connaître par des activités extra-universitaires ou para-universitaires constitue la récompense, que je crois juste, d'une volonté de sortir du lot, au-delà des simples résultats académiques, et de montrer une personnalité derrière de bonnes notes.

Un exemple de parcours illustre cette situation, et la relativité des diplômes. J'ai recruté un jour un étudiant, pour un stage d'été, car il avait été un candidat remarquable dans un concours d'éloquence dont j'étais juré. Il avait fait avec moi un très bon stage. L'été suivant, cet étudiant m'a demandé de le recommander auprès d'un confrère et ami exerçant dans un cabinet très prestigieux, auprès duquel il souhaitait absolument travailler. Sur la base de ma seule recommandation, ce confrère l'a pris en stage. Puis à la fin de son stage, qui avait de nouveau été excellent, il lui a proposé un contrat de collaboration. Un jour, ce jeune confrère, en parlant de son « patron », m'a dit, mi-amusé, mi-choqué : « Tu te rends compte, il n'a jamais vu mon CV ! » C'était bien la peine qu'il ait fait Sciences Po…

# L'entretien d'embauche

Pendant les sessions de préparation au concours Eloquentia à Saint-Denis, les étudiants suivent des modules de formation afin d'adapter l'éloquence aux futurs entretiens d'embauche. Il s'agit du volet « professionnel » de l'éloquence. Bien parler, bien se présenter, développer les bons arguments, tenir un discours structuré, autant d'enjeux capitaux pour réussir un bon entretien d'embauche.

Gildas Laguës, chasseur de têtes, assure une partie de cette formation à Eloquentia. Il est donc la personne la plus indiquée pour donner ses bons conseils pour bien se vendre lors d'un entretien.

« L'entretien d'embauche représente une étape essentielle d'un processus de sélection. Pour cette raison, il est souvent vécu comme une épreuve. Si vous suivez ces quelques conseils, vous mettrez toutes les chances de votre côté, assure-t-il. Gardez en tête que l'entretien d'embauche est un exercice à la fois très simple (il s'agit de valider vos motivations et le contenu de votre expérience) et très compliqué (il faut convaincre en se différenciant d'autres candidats). Tout en respectant les règles ci-dessus, la règle d'or est d'être soi-même. C'est en restant vous-mêmes que vous exprimerez le meilleur de votre personnalité et que vous aurez le plus de chance d'emporter la conviction. »

## Préparation de l'entretien

### Le fond

Il s'agit de mettre en avant vos motivations, vos compétences et votre personnalité en adéquation avec le poste.

Si la bonne préparation d'un entretien est essentielle, elle doit simplement se concentrer autour de ces deux questions fondamentales : En quoi est-ce que ce poste m'intéresse ? Qu'est-ce que je pense pouvoir y apporter, grâce à mes connaissances théoriques et/ou professionnelles ?

En vous concentrant sur ces deux questions, vous aurez toutes les chances de développer un argumentaire efficace.

*Exemple :* Pour un poste en communication, rassembler les éléments d'argumentation au niveau universitaire/professionnel : « Je suis en 3ᵉ année d'information et communication et j'ai effectué un stage de… au sein de l'agence X » et personnel : « J'ai depuis longtemps organisé des événements pour faire connaître mon club de sport et y attirer des fonds » ou encore « J'ai voulu monter une troupe de théâtre, j'ai levé des financements, j'étais chef de projet et j'ai cherché de l'argent pour le financer ». Cela démontre un certain état d'esprit. Il est important de ne pas se limiter à la sphère professionnelle, on est plus sincère quand on parle de soi au global. Il faut être le plus possible acteur de l'entretien.

Le manque d'expérience professionnelle dû à votre âge peut être ainsi compensé par des activités personnelles s'articulant bien avec le secteur visé.

N'oubliez pas qu'en entretien l'on attendra de vous que vous exposiez votre parcours, explicitiez vos compétences et vos motivations, mais également que vous montriez qui vous êtes, quelle est votre personnalité et ce qui vous motive.

Il convient de suivre pour se préparer deux étapes principales. Tout d'abord, une recherche d'informations et une réflexion à mener sur l'adéquation à votre profil : prendre le maximum de renseignements sur l'entreprise et le poste, à l'aide d'Internet ou de toute autre source disponible. Puis à la lumière de ces informations, vous demander : qu'est-ce qui me correspond dans tous ces éléments ? En quoi l'entreprise et le poste sont-ils en adéquation avec ma personnalité et mes aspirations profondes ? C'est en répondant à cette question que vous développerez une vraie force de conviction.

*Exemple :* Pour un poste de commercial, avez-vous toujours aimé convaincre ? Avez-vous toujours aimé prendre des initiatives pour aller vers les autres et les emmener dans vos projets, quels qu'ils soient (associations, clubs, voyages…) ? Vous mêlerez ainsi le personnel et le professionnel dans votre présentation et en serez d'autant plus efficace.

Pendant l'entretien, il est important de suivre un plan rigoureux mais qui n'étouffe pas la personnalité. Faire en sorte que ce ne soit pas qu'une séance de questions-réponses. La situation est stressante, on est dans la position du demandeur, du coup on adopte trop souvent des réflexes passifs en voulant faire plaisir à l'employeur. On attend sagement les questions et on donne les réponses que l'on pense être les bonnes, c'est une attitude de mise en retrait. Au contraire, il faut rassembler tous les éléments de sa carrière et de sa vie personnelle pour expliquer qui vous êtes. « Voilà pourquoi je suis là… » « Voilà ce que je peux vous apporter… » « Qu'est-ce que vous pouvez m'apporter vous… ? », « Que pouvez-vous me dire de plus sur votre entreprise ? » Ce genre de questions, si elles ne sont pas formulées sur un ton arrogant, seront bien vues par le recruteur. Elles témoignent d'une marque d'intérêt, et envoient le message que vous allez vraiment vous investir si vous êtes choisi. Les chances du recrutement seront donc augmentées. Il est capital de transformer l'entretien en échange, le maîtriser, ne pas le subir, ne pas subir un feu de questions. C'est à vous de le mener et de conduire l'interlocuteur là où vous le souhaitez.

Si vous avez connu des échecs, des accidents dans votre parcours professionnel, assumez-les même si en France l'échec est mal accepté. Remettez-les en perspective.

Il faut préparer les arguments que vous souhaitez mettre en avant mais ne pas restituer un déroulé trop précis, ne pas réciter mots pour mots, car si le recruteur vous emmène ailleurs vous allez être paniqué. Il est indispensable d'avoir les grandes lignes en tête, et le fil rouge pour relier les parties entre elles.

Parfois le recruteur attaque sur des questions thématiques et non chronologiques, il faut être capable de démarrer de n'importe quel point, montrer que l'on est suffisamment agile intellectuellement.

## La forme (tenue, attitudes pendant l'entretien)

La tenue vestimentaire :

Les codes varient d'un secteur à l'autre (le costume-cravate ou le tailleur s'imposent dans la banque ; dans la communication ou les secteurs plus créatifs, les codes peuvent être plus « casuals » mais aussi plus complexes à maîtriser : l'on peut mettre des baskets mais pas n'importe lesquelles, on peut porter un jean mais pas n'importe lequel et pas n'importe comment…). En privilégiant la tenue classique pour un premier entretien, vous êtes sûr de ne pas commettre de faute de goût.

Le langage verbal :
L'articulation doit être claire et détachée, la voix et le débit équilibrés. Ne pas hésiter à appuyer son enthousiasme de façon sincère cependant.

L'idée est d'être en accord avec soi-même, il faut oublier au maximum le côté formel de la chose, quand on est trop formel, la personne en face s'endort. On étonne et détonne quand on est soi-même. Évitez de jouer dans l'originalité pour épater. En résumé : ni trop original, ni trop formel, un juste équilibre et ce n'est pas évident.

N'hésitez pas, dès que l'occasion se présente, à poser une question au recruteur. Cela peut vous permettre de rassembler un peu vos esprits, de rassembler vos forces. Et vous serez acteur de l'entretien, vous ne le subirez pas.

Quand on a un tempérament timide, réservé, et que l'on n'est pas très expansif, il faudra miser sur le fond. Quand on est très timide, ne pas se forcer à parler mais mettre à profit ses capacités d'écoute et identifier le point où on attend quelque chose de vous. Il faut se détacher de la croyance que seules les grandes gueules y arrivent.

Quand au contraire on est très à l'aise et qu'on a tendance à prendre de la place, il faut éviter d'interrompre trop souvent le recruteur, se placer dans une logique d'écoute active, ne pas s'écouter parler, sinon ce n'est pas un véritable échange.

Le langage non verbal :
Adoptez une posture simple en respectant quelques règles élémentaires : dos droit, toujours regarder son interlocuteur sans pour autant plonger les yeux dans les siens en permanence. Évitez de jouer avec vos mains, avec un stylo ou tout autre objet, posez vos mains sur la table.

La prise de notes :
Il est très important que vous preniez des notes lorsque votre interlocuteur vous présente l'entreprise et le poste. C'est une marque d'intérêt, et cela vous aidera à identifier les éléments importants et les bonnes questions à poser, ainsi que pour la préparation des entretiens ultérieurs. Venez avec un cahier et un stylo propres et neutres.

Prise de congé du recruteur :
Ne pas oublier la poignée de mains, le remerciement ainsi qu'une formule la plus pro-active possible pour exprimer votre motivation à poursuivre. Non pas « j'attends de vos nouvelles » mais plutôt « je vous reverrai avec plaisir, n'hésitez pas à me contacter pour toute information complémentaire ». Vous pouvez également demander quand il pense pouvoir vous faire un retour.

« Si vous avez d'autres questions, des points que vous souhaiteriez approfondir, surtout n'hésitez pas à me recontacter… Je me tiens à votre disposition pour vous répondre. »

## Les démarches post-entretien

Après votre entretien, saisissez les opportunités de montrer une nouvelle fois votre motivation au recruteur. Ce genre de démarche a l'avantage de vous remettre dans son esprit, et de vous positionner comme un candidat prenant la peine d'assurer le suivi de sa candidature, ce qui est un élément différenciant. Il y a deux étapes essentielles :

— Le lendemain ou 48 heures après l'entretien, pas plus tard, envoyez un e-mail au recruteur en le remerciant pour le temps qu'il vous a accordé, puis résumez les éléments principaux que vous avez compris du poste. Réexpliquez pourquoi, selon vous, votre profil correspond à ces caractéristiques et aux attentes exprimées. Terminez en exprimant de nouveau votre motivation et votre disponibilité pour un second entretien, et par une formule de politesse habituelle. Attention, cet e-mail doit être synthétique, pas plus d'une vingtaine de lignes, tout en reprenant les éléments ci-dessus ; il doit donc être rédigé avec soin tant sur le fond que sur la forme.

— Par la suite, n'hésitez pas à prendre régulièrement des nouvelles du processus. Attention cependant à ne pas le faire de façon trop fréquente (n'envoyez pas la même relance au recruteur tous les deux jours !). Un e-mail ou appel tous les dix-quinze jours est à ce stade suffisant. Si au bout de trois ou quatre semaines vous n'avez toujours pas eu de nouvelles, il est probable que votre candidature n'ait pas été retenue.

## Demander une augmentation

Une fois que vous avez été embauché, rien n'est jamais acquis. Au sein de l'entreprise, vous allez être amené à devoir négocier au quotidien et une fois par an vous serez tenté à juste raison de demander une augmentation. Il faut bien avoir en tête qu'obtenir une augmentation est un combat dans lequel vous ne maîtrisez pas toutes les armes. L'univers des augmentations est injuste.

On a beau avoir les bons arguments, détenir toutes les cartes en main pour prétendre à une augmentation, elle ne sera pas automatiquement accordée. Si on n'obtient pas gain de cause, il faut demander calmement et concrètement : « Pourquoi ne peut-on pas m'augmenter ? Si c'est une restriction budgétaire, je n'ai pas le choix mais peut-on prévoir un entretien d'ici six mois pour réévaluer la situation ? »

Ainsi, vous montrez que vous ne capitulez pas, que vous vous considérez légitime pour prétendre à cette augmentation. Il n'y a pas de formule magique, mais la solution n'est pas de se résoudre à attendre passivement l'entretien de l'année suivante. Cela vous force à vous fixer un calendrier. Pensez à remettre le sujet dans la discussion à intervalles réguliers et si les performances le justifient, la situation finira par se débloquer.

### EXERCICE :

#### D'abord se présenter en une minute pas plus

Il faut réussir à dire qui vous êtes, ce que vous faites dans la vie, ce dont vous avez envie et comment vous comptez y parvenir. C'est excellent pour planter le décor.

#### Puis en dix minutes

Tissez un fil rouge, dégagez quatre ou cinq épisodes de votre parcours qui doivent être reliés entre eux. C'est ainsi que vous créez votre récit professionnel. Avec ce fil conducteur l'employeur va être obligé de vous suivre, il suffit de dérouler la pelote, les questions seront forcément liées à ce récit. Et si vous avez déjà mené à bien un projet, entraînez-vous à le définir en dix minutes également : quel est ce projet, dans quel cadre a-t-il été mené, quelles ont été les difficultés rencontrées dans la mise en œuvre, les échecs, les raisons de l'échec ? Et en conclusion expliquez en quoi cette expérience vous guide aujourd'hui.

1. Se poser au préalable les bonnes questions :
   — en quoi ce poste m'intéresse ?
   — qu'est-ce que je pourrais apporter à l'entre-prise ?
2. Ne pas subir l'entretien, être actif.
3. Montrer votre personnalité.
4. Assumer vos échecs.

# Je ne suis pas un déversoir de paroles

Une part de mon métier d'avocat consiste à recevoir mes clients pour les conseiller. J'organise donc des réunions soit seul avec le client soit en présence de ses autres avocats.

Je m'efforce toujours d'osciller entre deux exigences : l'empathie et l'autorité.

L'empathie, car l'avocat est d'abord quelqu'un que l'on consulte lorsqu'on rencontre une difficulté, lorsqu'on est confronté à un doute, fragilisé par une situation. Dans toutes ces situations, on a besoin de parler à un tiers. Le métier d'avocat est donc avant tout un métier d'écoute : comment pourrions-nous porter une parole (c'est l'étymologie même du mot avocat : *ad vocare*, appeler à côté de soi) si nous ne prenons pas au préalable la peine de l'écouter ?

Mais l'écoute a aussi ses limites. Je ne suis pas une assistante sociale. Je ne suis pas un psychanalyste. Bref, je ne suis pas un déversoir de paroles. Je suis un professionnel du droit. J'écoute pour autant que ce que l'on me dit a un rapport avec le problème juridique pour lequel je suis consulté. Combien de fois ai-je été confronté à des clients qui venaient me raconter leur vie par le menu, dans les moindres détails, en me donnant des documents froissés, tachés, désordonnés, insignifiants, parfois apportés dans des sacs-poubelles ? C'est à ce moment-là qu'il faut passer au second registre, celui de l'autorité. Non pas de l'autoritarisme. Il s'agit juste d'indiquer que telle information n'est pas nécessaire, de reprendre la main sur l'entretien en posant soi-même les questions qui nous semblent utiles.

Une fois que l'on est ainsi renseigné, on peut commencer à élaborer une stratégie, qu'il s'agisse d'une stratégie de négociation, de médiation ou de contentieux.

C'est l'aspect le plus délicat de notre métier. Comment traduire des événements de la vie – familiale, commerciale, professionnelle, quotidienne – en concepts juridiques, en catégories de droit existantes ? Comment transformer une parole foisonnante, qui correspond au ressenti du client, en des qualifications juridiques abstraites ? Et aussi, comment sélectionner les arguments qui nous paraissent pouvoir être utilement présentés au juge ?

Car l'avocat est un filtre. Un double filtre, d'ailleurs. D'une part, il a pour mission de sélectionner, parmi toutes les informations qu'il reçoit de son client, celles qui sont susceptibles de constituer des arguments utiles dans une négociation ou un contentieux. D'autre part, il doit être en mesure de les formuler de telle façon qu'ils puissent être compris par le juge. La parole est ici essentielle : tant que je n'ai pas parfaitement compris la situation, parfois technique, de mon client, je ne peux l'expliquer au juge.

Lors de la rencontre avec le client, j'explique tout cela : la nécessité de sélectionner les arguments, de les formuler de façon intelligible. Le client a parfois du mal à le comprendre, et voudrait que l'on explique tout, avec ses mots à lui, au juge. C'est là que joue l'autorité de l'avocat. Lutter contre la tentation naturelle de dire au client ce qu'il a envie d'entendre. Faire comprendre que l'on est mieux à même que le client de définir ce qui est susceptible de servir ses intérêts, d'une part parce qu'on détient une compétence particulière et d'autre part parce qu'on dispose du recul nécessaire (c'est en raison de la nécessité absolue de ce recul que les avocats, sauf très rares exceptions, ne se défendent pas eux-mêmes lorsqu'ils ont affaire à la justice, mais s'attachent les services d'un confrère). Et pour autant arriver à ce que le client ait le sentiment d'avoir été entendu.

Bien évidemment, ces discussions sont plus aisées lorsque la réunion regroupe des professionnels, qui ont l'habitude de dépassionner les litiges.

Mais en tout état de cause, lorsque je mène la réunion, je commence toujours par un petit préambule. Si le client m'a été adressé par un confrère ou un autre client, je m'enquiers de la façon dont il connaît cette personne. Si le dossier est en cours, je fais un point sur la procédure. Puis je rappelle l'objet de la réunion (s'agit-il d'une première réunion de simple présentation d'un dossier, ou devons-nous parler d'un ou de plusieurs points précis, travaillons-nous sur un document qui a été circularisé ?). Enfin, je m'efforce de commencer par écouter ce que l'on est venu me dire avant de donner des pistes de solution qui seront ensuite approfondies.

Au cours de la réunion, je veille à ce que la parole de personne ne soit lésée, à ce que tout le monde à un moment ou un autre puisse s'exprimer, même brièvement. Souvent un confrère peut venir avec un collaborateur, et je trouverais très humiliant qu'il reparte sans avoir ouvert la bouche. Je fais donc en sorte que la parole soit fluide, qu'elle circule naturellement et que chacun reparte avec ce qu'il est venu chercher.

## Animer une réunion

Dans la vie professionnelle, la réunion est un moment inévitable. Cela peut être très productif, cela peut aussi être un calvaire. À tel point que pour lutter contre les réunions qui s'enlisent, les entreprises font désormais souvent des réunions lors desquelles les participants restent debout. C'est assurément un encouragement à l'efficacité !

Comment, donc, réussir une réunion ?

D'abord, bien sélectionner les participants. Ne convier que les personnes qui sont vraiment intéressées par le sujet. D'expérience, au-delà de cinq-six, la réunion va laisser de côté des personnes qui feront tapisserie. On ne convie pas quelqu'un à une réunion comme on le met en copie d'un mail. La réunion suppose de consacrer du temps à un sujet, il faut que le tour de table soit pertinent.

Ensuite, organiser la configuration de la réunion. Vais-je faire une table en U, une table ronde, une table rectangulaire ? Et où chacun va-t-il se placer ? Qui celui qui préside aura-t-il physiquement dans son champ de vision ? Et face à lui ? Comme dans un dîner, le plan de table est un élément essentiel, un révélateur des rapports de pouvoir.

Au début de la réunion, si les gens ne se connaissent pas, il convient de faire les présentations : qui est qui, qui représente qui, qui se substitue à qui ? Il faut présenter les nouveaux, remercier les gens de leur présence, rappeler l'ordre du jour. Il est très important de spécifier combien de temps la réunion va durer, même approximativement et de définir l'ordre du jour et la méthode qui va être employée. Cela peut donner : « Je vous remercie tous de votre présence. Je vous rappelle que nous sommes réunis pour examiner les différentes propositions de campagne d'affichage pour notre société. Je vais donner la parole à X, qui a piloté ce projet, puis nous pourrons échanger avant de passer au vote. Je vous propose que nous nous disciplinions pour terminer à 16 heures. »

Au fur et à mesure de la réunion, il faut veiller à répartir la parole. Que chacun puisse s'exprimer sans que personne ne monopolise la parole. S'il est nécessaire de couper une personne, le faire poliment mais fermement : « Nous avons tous bien compris le sens de vos explications, merci beaucoup, il faut maintenant que nous puissions avancer. » Si celui qui mène la réunion souhaite privilégier une motion, il a tout intérêt – sans s'impliquer personnellement, ce qui pourrait être compris comme une manœuvre grossière – à commencer et à terminer le tour de table par des personnes qui partagent son avis et qui disposent d'une autorité sur le groupe. Il est dangereux de laisser un opposant prendre la parole en dernier.

Celui qui mène la réunion doit toujours donner lui-même la parole, et ne pas se laisser dépasser par les débats. Il doit montrer qu'il maîtrise la discussion et la fait avancer, par des formules du type : « Sur la question du coût, je note que les observations portent essentiellement sur [...]. Je voudrais maintenant que nous évoquions la question des délais. » Puis *in fine* : « Je vous remercie pour cet échange de vue très complet, je crois que chacun est maintenant éclairé, et que nous pouvons passer au vote. »

Enfin, une fois l'ordre du jour achevé, indiquer que le procès-verbal de la réunion sera transmis dans tel délai, que chacun peut faire des observations à son propos dans tel délai, et le cas échéant que la prochaine réunion du même groupe aura lieu tel jour, avec tel ordre du jour.

Si vous ne menez pas la réunion, mais que vous y participez, la stratégie est un peu différente. Il faut avant tout définir votre objectif. Êtes-vous là pour vous opposer par principe – auquel cas il faudra saisir toutes opportunités de perturber l'ordonnancement des choses, quitte à prendre la parole de façon intempestive –, pour faire des contrepropositions – auquel cas il faut élaborer les termes de celles-ci à l'avance pour pouvoir fournir une proposition alternative « clé en mains » – ou pour obtenir des informations – auquel cas vous devez lister les informations qui vous manquent et vous assurer qu'il a été répondu à vos interrogations ?

Indépendamment du déroulement formel de la réunion, il me semble important de rappeler quelques techniques de négociation et d'écoute active, qui sont souvent au cœur des débats.

S'agissant de la négociation, elle ne peut s'opérer qu'à la condition que vous sachiez très précisément à l'avance d'une part quels sont les points de désaccord qui font l'objet de la négociation (et les points d'accord qui ont été réglés) et d'autre part sur quoi vous êtes prêt à faire des concessions. En d'autres termes, qu'est-ce qui est négociable, et qu'est-ce qui ne l'est pas. Exercez-vous aussi en vous plaçant dans la situation de votre partenaire. Qu'est-ce qui, pour lui, selon vous, n'est pas négociable – et qu'il est donc inutile de lui demander d'abandonner.

Dans le cours de la négociation, efforcez-vous de ne pas attaquer toujours frontalement, au risque de braquer votre partenaire. Plutôt que de dire « est-ce que vous êtes d'accord avec ça ? » – question qui obtiendra rarement une réponse affirmative et qui bloquera la discussion – préférez « est-ce qu'il serait faux de dire ça ? ». Votre interlocuteur répondra plus rarement non, et la discussion pourra se poursuivre de façon constructive jusqu'à un point d'équilibre.

Lorsqu'un accord est obtenu sur un aspect de la discussion, actez-le, et continuez la discussion en insistant toujours davantage sur ce qui avance plutôt que sur ce qui bloque.

Des centaines de livres et d'articles ont été consacrés à l'écoute active, depuis sa théorisation par le psychologue américain Carl Rogers dans les années 1960. Il n'est pas question, dans le cadre de cet ouvrage, d'y revenir très longuement, mais seulement de rappeler quelques règles essentielles qui vous permettront d'animer mieux une réunion, ou de conduire plus efficacement un entretien.

La première condition de l'écoute active est l'empathie et la compréhension. Ne mettez pas en cause l'authenticité de votre interlocuteur. S'il vous confie : « Je ne me sens pas à ma place dans cette entreprise », ne le renvoyez pas d'une bourrade dans le dos en lui lançant : « Mais tu racontes n'importe quoi ! » Au contraire, écoutez-le en ponctuant de formules du type « je vois » ou « je comprends » qui traduisent un intérêt et une considération pour le discours de l'autre.

La deuxième condition de l'écoute active est la capacité à reformuler les propos de l'interlocuteur pour le conduire à préciser et compléter sa pensée. Une règle d'or : pas de questions fermées (sauf si vous avez besoin d'une information précise) du type « mais tu as de bonnes relations avec X, oui ou non ? », mais des questions de relance qui permettent de faire avancer la discussion : « depuis quand ressens-tu cette difficulté ? », « comment se manifeste-t-elle ? ».

La reformulation peut prendre plusieurs formes.

La reformulation-reflet qui montre à son interlocuteur que l'on cherche à comprendre exactement son discours : « donc si je vous comprends bien… ».

La reformulation-écho qui s'appuie sur un terme fort pour amener un développement : « – Depuis six mois, je suis placardisé. – Placardisé ? Mais encore ? »

La reformulation-clarification : « – Je n'ai aucune reconnaissance de mon travail. – Ce que tu souhaites, c'est avoir des responsabilités / une autonomie plus importante ? »

La reformulation-synthèse : « En somme, ce qui pose difficulté, c'est ton positionnement hiérarchique dans l'entreprise. »

Ces techniques bien connues et éprouvées de longue date vous seront très utiles si vous parvenez à les mettre en œuvre avec les mots appropriés et la formulation la plus adéquate.

Ce sera en particulier le cas si, dans un congrès, une réunion, un colloque, une réunion de copropriété, vous avez affaire, dans le public, à un agitateur. Celui qui veut se faire remarquer et vous contredire à toutes fins. C'est un classique, mais c'est toujours délicat à gérer.

Voici quelques pistes. D'abord, ne vous opposez pas frontalement à lui, ne l'humiliez pas devant le groupe, n'entrez pas dans son jeu par des remarques telles que « on voit très bien que vous ne connaissez pas le sujet » ou « la question est complètement stupide ». C'est ce qu'il cherche et il s'en nourrira. De même lorsque vous répondez, répondez à la salle entière, et non à l'auteur de la question. N'engagez pas de dialogue singulier avec lui, évitez toute attaque personnelle (« ce que vous dites est faux », « vous devriez vérifier vos sources ») qui alimenterait la discussion. Affirmez simplement « nous avons une divergence sur ce point », « pour ma part, je considère ».

Une dernière chose : si l'on vous pose une question dont vous n'avez pas la réponse, n'inventez pas ! À l'heure du « fact checking », c'est rédhibitoire. Indiquez simplement que vous ignorez la réponse mais que vous allez la chercher et que vous la communiquerez, selon les cas, à la prochaine réunion, ou avec le procès-verbal, ou aux organisateurs de la conférence qui la répercuteront, etc.

La réunion est toujours un moment délicat à gérer, car elle cristallise les rapports de pouvoir et les désaccords. Mais cela peut être un moment très fécond pour désamorcer un conflit ou faire avancer un dossier.

Réunissez-vous peu, mais réunissez-vous bien !

### EXERCICES :

#### La conférence de presse

L'exercice se joue à cinq ou six personnes. L'un joue l'interviewé, les autres le parterre de journalistes. Celui qui est interviewé est venu annoncer une nouvelle : la mise en redressement judiciaire de la société qu'il dirige, sa candidature à la mairie de la commune, son départ pour une année sabbatique, etc. Après une courte allocution, il est soumis aux questions des journalistes, qui veilleront à poser des questions destinées à clarifier le propos, à le compléter, mais aussi des questions agressives pour tester la réaction de celui qui joue l'interviewé.

#### La battle

Deux orateurs s'affrontent sur un sujet de société. L'un défend le pour, l'autre le contre, devant un public. Mais plutôt que de parler l'un après l'autre, ils parlent ensemble, côte à côte (sans toutefois empiéter sur l'espace du voisin). Le gagnant est celui des deux qui aura réussi à capter l'attention du public.

1. Être dans l'écoute active.
2. Toujours garder la main.
3. Ne jamais nier frontalement ce que l'autre dit.
4. Formuler des questions ouvertes.
5. Faire des points d'étape.

# La parole utile

Il n'y a pas assez de salles au Palais de justice de Paris. Du coup, une cour d'assises de fortune a été installée dans l'immense et froide salle des pas perdus. Une salle en préfabriqué, une cour d'assises temporaire, un peu foraine. J'ai le trac, je vais plaider pour la première fois devant cette juridiction qui juge les crimes, c'est-à-dire les infractions pour lesquelles l'accusé encourt plus de dix ans de réclusion.

Je le dois à mon élection, quelques semaines plus tôt, comme secrétaire de la Conférence, à l'issue du concours d'éloquence du Barreau de Paris. Les secrétaires de la Conférence sont en effet commis d'office lorsqu'une personne accusée d'un crime n'a pas les moyens de rémunérer un avocat. Le Barreau de Paris a ainsi fait le choix de commettre, pour assister les personnes les plus pauvres accusées des crimes les plus graves, les jeunes avocats qu'il juge les plus prometteurs. C'est à la fois un honneur et un fardeau.

J'ai été commis quelques semaines avant le procès. Le dossier est très volumineux et très complexe. C'est une affaire d'inceste. Mon client nie les faits, parle d'une machination ourdie par son ex-épouse qui forcerait sa fille à l'accuser dans le cadre d'un divorce conflictuel. C'est dire que les enjeux sont très lourds.

Comme je ne suis pas spécialiste de droit pénal, je demande à l'un de mes camarades de promotion de la Conférence de partager l'audience avec moi. Nous allons donc, avec Julien Dreyfus, plaider cette affaire côte à côte. Les débats dureront deux jours entiers.

L'audience se tient à huis clos. Les rancœurs, les haines recuites, les tensions et les ressentiments de cette famille déchirée s'expriment de façon paroxystique, sous mes yeux éberlués. La solennité de la cour d'assises y contribue. C'est la dernière occasion que l'on a de se dire les choses. Après, on ne se reverra plus jamais. La parole est dure, violente. Ça hurle, ça pleure, ça gémit, ça supplie.

Notre client comparaît libre. S'il est reconnu coupable, il sera incarcéré sur-le-champ. Il est maladroit, impassible, fruste. Malgré nos exhortations, il s'explique à peine, se contentant de proclamer brutalement son innocence. Mais somme toute, que peut-on demander de plus à une personne qui est accusée d'un crime qu'elle n'a pas commis ? Il n'éclatera en sanglots que lorsqu'il aura la parole en dernier, à la toute fin de l'audience.

L'avocat général a requis une peine de dix ans de prison, se disant persuadé de la culpabilité de l'accusé. Avec Julien Dreyfus, nous décidons de nous répartir les questions de la façon suivante : je commencerai en soulignant toutes les contradictions dans la version de l'accusation, pour tenter d'instiller dans l'esprit des jurés un doute qui devra profiter à notre client. Il terminera en évoquant la personnalité de l'accusé, pour montrer qu'elle n'est pas celle d'un père incestueux.

J'ai passé la nuit à écrire intégralement ma plaidoirie. C'est une erreur de débutant. Je ne l'ai plus jamais refait. Mais je ne voulais rien oublier, rien laisser au hasard. C'est la liberté qui est en jeu.

Nous plaidons avec ferveur, l'un comme l'autre. Même si Julien est plus aguerri que moi en matière pénale, c'est tout de même un vrai baptême du feu.

Nous terminons exténués, et la cour se retire après lecture par la présidente de l'article 353 du Code de procédure pénale, qui est pour moi un des plus beaux textes de notre droit. Vous l'entendrez peut-être un jour si vous avez la chance d'être tiré au sort pour être juré d'assises. Le voici : « La loi ne demande pas compte à chacun des juges et jurés composant la cour d'assises des moyens par lesquels ils se sont convaincus, elle ne leur prescrit pas de règles desquelles ils doivent faire particulièrement dépendre la plénitude et la suffisance d'une preuve ; elle leur prescrit de s'interroger eux-mêmes, dans le silence et le recueillement et de chercher, dans la sincérité de leur conscience, quelle impression ont faite, sur leur raison, les preuves rapportées contre l'accusé, et les moyens de sa défense. La loi ne leur fait que cette seule question, qui renferme toute la mesure de leurs devoirs : Avez-vous une intime conviction ? »

Après trois heures de délibérations, la cour revient, et j'entends encore la présidente annoncer : « À l'ensemble des questions, il a été répondu non. » Notre client est acquitté. Nous avons été entendus. Nous n'avons jamais su s'il était innocent ou coupable, nous ne l'avons d'ailleurs jamais revu. Mais il est certain qu'il n'y avait pas dans le dossier d'élément suffisamment probant pour le condamner. Le doute lui a profité. C'est l'application de la loi, et c'est une garantie essentielle dans un État de droit. Comment condamner quelqu'un dont la culpabilité demeure douteuse ?

Ces premières assises restent un souvenir très fort. Moi qui n'avais jamais pris la parole que par jeu, j'ai eu le sentiment d'avoir pour la première fois une parole utile, concrète. Une parole ancrée dans le réel et dans l'humain.

D'une façon générale, en tant que secrétaire de la Conférence, pendant une année, l'activité pénale est quasi quotidienne, car nous ne sommes pas commis d'office que devant la cour d'assises. Nous intervenons aussi devant les juges d'instruction chargés de faire la lumière sur les infractions les plus graves ou les plus complexes, devant les juges des libertés et de la détention chargés de déterminer si une personne va être placée en détention provisoire. Nous plaidons aussi aux comparutions immédiates, ce que l'on appelait avant les « flagrants délits », ces infractions qui appellent une réponse instantanée : vols à la tire, petits trafics de stupéfiants, violences, etc.

À cette occasion, je découvre un monde dont j'ignorais tout jusqu'alors, confortablement calfeutré dans mon cabinet du VIII<sup>e</sup> arrondissement à rédiger des mémoires sur des questions de droit bancaire ou de responsabilité civile.

Ce monde qui me saute au visage, c'est celui de la délinquance, de la misère noire, de la violence, de l'alcoolisme, de la prostitution, de la rue, des armes. Celui des SDF, des sans-papiers, des couples qui ne peuvent s'aimer sans se battre, des ravagés de la drogue, de ceux qui jouent du couteau pour un oui ou pour un non.

Ce monde, aussi, d'une justice qui me révolte. Car à côté de la cour d'assises, où l'on prend son temps pour examiner en détail une affaire, pour interroger longuement ses protagonistes, pour questionner des experts de toute nature, pour faire toute la lumière sur la personnalité des uns et des autres, il y a les comparutions immédiates, qui relèvent trop souvent de l'abattage judiciaire, où l'on peut parfois être condamné à cinq ans de prison ferme après vingt minutes de débats.

Je découvre des juges qui m'exaspèrent. Des juges qui n'écoutent pas, qui n'essaient pas de comprendre, qui ajoutent des considérations morales à des jugements de droit. Des juges dont les décisions ne traduisent rien d'autre que leurs mouvements d'humeur, qui sont l'autre nom de l'arbitraire. Des juges qui rudoient des prévenus hagards, hébétés, sortant de garde à vue : « Tenez-vous droit ! », « Parlez dans le micro ! », « Vous pensez qu'on va vous croire ? », « Vous dites n'importe quoi ! », « Vous êtes un danger public ! ». Je voudrais bien les y voir, ces magistrats qui ont pour la plupart d'entre eux eu toutes les chances de la vie – comme moi – et qui du haut de leurs certitudes, de leurs a priori et de leurs diplômes, s'autorisent à toiser avec mépris et condescendance un clochard illettré ou un réfugié sous crack.

Je découvre aussi des magistrats admirables. Humains sans être laxistes, respectueux sans être lâches. Je me souviens d'un juge des libertés et de la détention qui savait trouver les mots pour expliquer sa décision de placement en détention provisoire. Trois fois sur quatre, la personne partait en prison en lui serrant la main.

Je découvre encore l'univers carcéral. Le samedi matin, souvent, je vais au parloir à Fleury-Mérogis, à la Santé, à Bois-d'Arcy, à Fresnes, pour rendre visite à mes clients. Pour les tenir informés de l'évolution de leur dossier, mais aussi parce que je suis parfois la seule personne de l'extérieur qu'ils voient. La misère de ce monde m'effare. La crasse, l'odeur pestilentielle, les cris, les portes qui claquent, les bruits de clé, les miradors, les procédures d'entrée, les fouilles des détenus avant et après l'entretien avec l'avocat, les parloirs de trois mètres carrés, les trafics, la cantine, la promenade, l'isolement, les bagarres, les caïds, le désespoir, le mitard, les abus de pouvoir de certains surveillants, le « parloir famille » où les détenus peuvent voir leurs enfants et dont le sol est jonché de jouets, le « bus des familles » qui amène les proches des détenus à Fleury-Mérogis, en grande banlieue parisienne et où l'on s'échange des noms d'avocats, des avocats aussi, qui essaient de converser avec des clients qui ne sont pas les leurs pour les convaincre de les choisir. Tout cela est insoupçonnable, et tout cela existe. Je le découvre, et ça m'atterre.

Je le dis à mes étudiants, et je vous le dis : allez voir ce qui se passe dans les tribunaux. Tant que vous ne l'aurez pas vu de vos yeux, vous ne pourrez pas l'imaginer. Puisque la justice est rendue « au nom du peuple français », c'est-à-dire en votre nom, allez constater par vous-même. Vous en apprendrez beaucoup non seulement sur l'état de notre société, mais aussi sur celui de notre justice. Allez-y en tant que citoyen, et en tant que potentiel justiciable. Allez assister à des comparutions immédiates. C'est tous les jours ouvrables à 13 h 30. Entrée libre. Sortie aussi, du moins pour vous. Allez à la cour d'assises. Un jour, ma mère, qui n'avait jamais mis les pieds dans un tribunal, a voulu aller voir un procès d'assises. Elle pensait rester une après-midi. Elle est restée trois jours.

Les palais de justice sont déserts. Il s'y joue pourtant des drames humains, et il s'y déploie des trésors d'éloquence. Les uns, comme les autres, méritent votre présence.

C'est une rengaine sempiternelle : l'éloquence judiciaire serait en déclin.

C'est évidemment pour partie vrai. La massification du contentieux fait que les magistrats encouragent les avocats à plaider « par observations », c'est-à-dire brièvement et seulement sur quelques points du dossier, voire à ne pas plaider du tout si la procédure est écrite.

Mais d'une part, il existe encore des juridictions où, par l'effet de la loi, la procédure est dite « orale », ce qui signifie que les juges ne sont tenus de répondre qu'aux arguments qui sont plaidés oralement devant eux, à l'audience. C'est le cas des tribunaux de commerce, des tribunaux d'instance, des conseils de prud'hommes. L'oralité prévaut aussi devant les juridictions pénales, et c'est notamment une règle essentielle devant la cour d'assises.

Et d'autre part, j'ai surtout le sentiment que l'éloquence judiciaire se transforme. Elle relève moins d'un monologue, et plus d'un dialogue. Si le juge a travaillé son dossier en amont de l'audience, ce dialogue peut être extrêmement fécond et efficace, le juge demandant seulement les explications des parties sur les points qui lui paraissent faire difficulté.

Cette éloquence « dialoguée » est plus périlleuse pour l'avocat – qui ne sait pas à l'avance sur quel point le juge lui demandera de plaider – mais elle ne me paraît pas caractériser un abaissement de son rôle.

À cela s'ajoute une transformation de l'éloquence judiciaire, qui devient de plus en plus technique au fur et à mesure que les litiges portés devant les juridictions le deviennent également. Mais finalement, n'est-ce pas aussi faire preuve d'éloquence que de savoir expliquer simplement à un juge un mécanisme boursier complexe ou le mode de fonctionnement d'une entreprise faisant l'objet d'un plan social ? Le juge ne peut recevoir l'information brute, non filtrée. C'est pourquoi il a besoin de l'avocat, son petit tamis.

# Préparer votre première plaidoirie (… ou éviter de dire « votre honneur » parce qu'on a vu des avocats le faire à la télévision)

L'éloquence judiciaire obéit à ses propres règles, à ses propres codes. Une plaidoirie requiert des techniques oratoires susceptibles d'être utilisées devant une juridiction afin d'emporter sa conviction au bénéfice d'un justiciable.

La parole judiciaire est extrêmement codifiée, ritualisée, il y a des lieux pour parler, des moments pour parler, des ordres de prise de parole. Chaque acteur du procès sait ce qu'il peut dire, et dans quel cas. Comme au théâtre, chacun a un rôle. À ceci près qu'il s'agit du théâtre de la réalité.

Je me limiterai ici à évoquer la plaidoirie devant le juge civil et devant le juge pénal.

## Plaider devant le juge civil

Pour présenter les choses de façon très sommaire, le juge civil est chargé de trancher les litiges entre les personnes privées : entre particuliers (divorce, voisinage), entre particuliers et entreprises (licenciement, litige de consommation) ou entre entreprises (concurrence, exécution et résiliation des contrats commerciaux).

Préalablement à l'audience, les avocats se seront envoyé des conclusions écrites, se seront communiqué des pièces qui étayent leurs arguments. Les conclusions auront également été adressées au juge. Dans la plupart des cas, le juge aura également lu les pièces. L'audience « de plaidoirie » n'est donc que l'aboutissement d'un long processus appelé « mise en état ».

Dans ces conditions, il n'y a pas de « coup de théâtre » à l'audience ou « d'effet d'audience » : chacune des parties sait à l'avance ce que va dire l'autre, et le juge est censé connaître à l'avance l'argumentaire de chacun. Cette situation influence la configuration de l'audience : de plus en plus, aux plaidoiries classiques où chacun développait oralement l'intégralité de ses arguments succède un véritable dialogue entre les avocats et le juge. Il est donc essentiel de connaître parfaitement le dossier, et notamment les pièces et éléments de preuve sur lesquels le juge peut interroger les parties (un contrat, une lettre, un testament...).

Dans le cas des plaidoiries « classiques », chaque avocat, représentant une partie au litige, soutiendra l'argumentaire de son client (pourquoi le divorce doit être prononcé aux torts de l'adversaire, pourquoi le licenciement est abusif, pourquoi le produit était défectueux, pourquoi le concurrent a été déloyal…), pour présenter *in fine* les demandes de ce dernier. Ces demandes peuvent être de diverses natures : le prononcé du divorce, l'obligation de livrer un bien commandé, l'allocation d'une somme d'argent…

L'ordre de parole est le suivant : après un rapport du juge qui rappelle les tenants et les aboutissants du litige, la parole est donnée d'abord au demandeur, puis au défendeur.

On dit en première instance : « Madame/ Monsieur le Président, Mesdames/Messieurs du Tribunal » et devant la cour d'appel et la Cour de cassation « Madame/Monsieur le Président, Mesdames/Messieurs les Conseillers ». Toute utilisation du « Votre honneur » est à proscrire de ce côté-ci de l'Atlantique ! Il n'y a pas d'exorde, de début type. On peut commencer très simplement par « J'ai l'honneur de me présenter devant vous dans les intérêts de X ». On peut également tenter de rebondir sur une phrase du rapport ou de l'un des avocats ayant plaidé auparavant. On peut aussi – mais uniquement si le dossier le justifie – insister sur l'enjeu de l'affaire : « La question qui vous est

soumise aujourd'hui est celle de savoir si... » ou
« Cette affaire est emblématique des situations de
harcèlement au travail... »

Ensuite, même dans le cas de plaidoiries classiques, il ne s'agit pas de répéter les propos des
conclusions écrites remises au juge. Il s'agit d'insister
sur les points saillants de l'argumentation. Qu'elle
soit juridique ou factuelle, l'argumentation est le
plus souvent technique. Il n'y a guère de place pour
les effets de manche à l'ancienne. Il faut rendre
claires des questions complexes. Puisque chacun sait
ce que l'autre va avancer, la réfutation est facilitée.
Elle demeure néanmoins nécessaire : « Mon confrère
prétend... » « On vous dira de l'autre côté de la
barre... »

La péroraison, ou fin de la plaidoirie, peut être
strictement technique et rappeler les demandes que
l'on présente, ou tenter – là encore si le dossier s'y
prête – d'élever une dernière fois le débat pour souligner l'importance de la décision à rendre, et la
nécessité absolue de la rendre dans le sens souhaité :
« En condamnant la société X, vous mettrez un
point d'arrêt à ces pratiques détestables consistant
à... »

## Plaider devant le juge pénal

Le procès pénal a pour objet la répression de comportements érigés par les lois ou les règlements en infractions. Il oppose donc la société, affectée par l'infraction qui trouble nécessairement l'ordre social, à celui que l'on soupçonne d'être l'auteur de cette infraction.

Quelle que soit la juridiction, l'audience a été précédée d'une enquête, portant à la fois sur les faits (recueil de témoignages, constatations sur les lieux, expertises ADN, reconstitution, etc.) et sur la personnalité de celui qui est jugé (recherche des antécédents, expertises psychiatrique et psychologique). Il vous faut connaître les résultats de cette enquête sur le bout des doigts, car ils constitueront le point de départ du débat à l'audience. Vous pouvez lire le dossier d'enquête deux fois : une première fois objectivement, et la seconde fois pour y trouver des arguments en votre faveur.

On retrouve la plupart du temps dans un procès pénal trois acteurs dont les rôles sont bien définis et qui s'expriment toujours dans le même ordre :

### La partie civile

C'est le plaignant, celui qui se dit victime de l'infraction poursuivie. Le rôle de l'avocat de la partie civile est uniquement, en théorie, de se faire l'écho, devant la juridiction, de la souffrance occasionnée à son client par l'infraction. Sa plaidoirie jouera souvent sur le registre du sentiment, des affects, des émotions, de la compassion.

En pratique toutefois, il arrivera fréquemment que la partie civile impute sa souffrance à la personne qui est poursuivie, et cherche donc à démontrer la culpabilité de celle-ci. Mais en aucune façon elle ne peut solliciter une peine (d'amende ou d'emprisonnement). Simplement, si la personne poursuivie est déclarée coupable, la partie civile pourra réclamer des dommages-intérêts en réparation de son préjudice.

## Le ministère public

Son rôle est de représenter la société. Ce n'est donc pas une partie privée et il est d'ailleurs incarné par des magistrats et non par des avocats. Le ministère public (on dira « Madame/Monsieur l'officier du ministère public » devant le tribunal de police, « Madame/Monsieur le procureur » devant le tribunal correctionnel, « Madame/Monsieur l'avocat général » devant la cour d'assises et la cour d'appel) est chargé de « porter l'accusation », c'est-à-dire de démontrer, s'il en est convaincu, la culpabilité de celui qui est poursuivi. Il va également requérir une peine, qu'il devra justifier au regard des faits et de la personnalité de la personne poursuivie. Si aux termes des débats il estime en conscience que le prévenu ou l'accusé ne doit pas être condamné, il requiert sa relaxe (devant le tribunal de police et le tribunal correctionnel) ou son acquittement (devant la cour d'assises). Ces réquisitions sont de simples propositions : la juridiction peut aller en deçà ou au-delà et condamner en dépit de réquisitions de relaxe ou d'acquittement.

L'éloquence du ministère public sera à la fois technique (puisqu'il s'agira de fonder, au regard des pièces du dossier et du déroulement de l'audience, les réquisitions de condamnation ou de non-condamnation) et sociologique (puisqu'il s'agira de démontrer en quoi l'infraction poursuivie constitue une atteinte grave à l'intérêt social, aux règles qui doivent présider à la vie en société).

### La défense

La première stratégie consiste à plaider l'acquittement ou la relaxe. L'avocat cherchera à démontrer soit que son client est innocent, soit qu'en tout état de cause il existe un doute raisonnable et suffisant qui, devant profiter à l'accusé en application du principe de la présomption d'innocence, exclut toute condamnation. Une plaidoirie de cette nature est nécessairement technique, puisqu'il va falloir démontrer, à travers les éléments du dossier, l'innocence ou le doute.

On peut aussi – surtout devant une cour d'assises composée en majorité de non-professionnels – insister sur l'importance dans une société démocratique du principe selon lequel le doute profite à l'accusé, sur le fait que condamner une personne dont la culpabilité n'est pas certaine, c'est aussi prendre le risque de laisser en liberté le véritable coupable.

Si l'on plaide les circonstances atténuantes, le principe même de la condamnation apparaissant certain (soit parce que le dossier est accablant, soit parce que la personne poursuivie reconnaît l'infraction), il s'agira de minorer la peine. Une plaidoirie de cette nature jouera sur le registre de l'émotion : on insistera sur la personnalité de l'accusé, son histoire, la sincérité de sa prise de conscience et de ses remords, sa réinsertion depuis les faits, l'ancienneté de ces derniers...

Il existe enfin une troisième stratégie : la défense de rupture. Jacques Vergès en avait fait sa spécialité. Elle consiste à dénier à la juridiction toute qualité pour juger, à refuser le jeu judiciaire et à faire du prétoire un lieu de débat politique. L'accusé estime n'avoir de compte à rendre qu'à une justice divine, ou que la juridiction est l'instrument d'un État qu'il ne reconnaît pas. Il saisit l'opportunité du procès pour avoir une tribune politique, c'est l'irruption du militantisme, de la parole politique dans la parole judiciaire.

1. Lire intégralement le dossier, deux fois si possible.
2. Ne jamais écrire intégralement une plaidoirie.
3. Définir quel aspect du dossier doit être mis en avant, la technicité du droit ou l'humanité du fait.
4. Insister sur les points saillants de l'argumentation.

# Sexe neutre

21 mars 2017. Je suis devant la Cour de cassation. Je plaide une affaire très médiatisée, qui soulève des questions à la fois d'éthique et de société. Je défends Gaëtan[1], un sexagénaire qui est né intersexué – on disait auparavant « hermaphrodite ». Ses parents voulaient un garçon, à l'état civil ils l'ont déclaré comme tel. Un peu par hasard. Mais cet état civil ne correspond pas à son état réel. Gaëtan en a donc demandé la rectification, pour qu'à la mention « sexe masculin » soit substituée celle de « sexe neutre ». Ce n'est pas une affaire comme une autre, elle touche au plus profond de l'identité. L'enjeu est de taille.

Gaëtan n'est ni homme ni femme, ne se sent ni homme ni femme, ne peut devenir ni homme ni femme, ne veut devenir ni homme ni femme. Gaëtan revendique une identité intersexuée qu'il souhaite voir reconnue à l'état civil. Le 20 août 2015,

---

1. Le client a décidé de garder l'anonymat.

le tribunal de grande instance de Tours lui a donné raison, mais la décision a été infirmée par la cour d'appel d'Orléans en mars 2016. On nous oppose que Gaëtan a l'apparence physique d'un homme, ce qui est faux, puisque Gaëtan n'a pas d'organes sexuels reproducteurs et que seul un traitement contre l'ostéoporose lui a conféré une apparence masculine artificielle. On nous dit aussi que Gaëtan s'est marié avec une femme et a adopté un enfant. Certes, mais Gaëtan n'a pas cessé d'être intersexe pour autant ! De plus, le mariage et l'adoption n'ont depuis la loi de mai 2013 sur le mariage pour tous plus rien à voir avec la différence des sexes. On nous dit que la reconnaissance du sexe neutre pourrait créer des troubles chez les personnes concernées. Mais qui mieux que Gaëtan sait ce dont il a besoin ? Ce raisonnement revient à ériger des peurs pour s'abriter derrière. Et finalement, on nous explique que la question est trop complexe pour être tranchée par le juge, et que seul le législateur peut la résoudre. Curieuse conception par le juge de son rôle, qui serait donc cantonné aux questions simples, et qui pour le reste renverrait le « mistigri » au Parlement, laissant ainsi des centaines de personnes vivre avec un état civil purement artificiel.

Je prends la parole. Je plaide une vingtaine de minutes. La nature n'est pas binaire, pourquoi le droit le serait-il ? Toute ma plaidoirie est construite sur cette question. Avant de venir à l'audience, j'avais en tête le début et la fin de ma plaidoirie. J'ai la parole en début d'audience. Je décide de raconter tout simplement l'histoire de mon client.

Le Parquet général de la Cour de cassation soutient que la binarité est justifiée « au regard de la finalité majeure d'ordre public de cohérence et sécurité de l'état-civil garantissant une identification fiable des personnes ». La loi ne définit pas de troisième sexe. « Il n'appartient pas au juge, poursuit-il de créer de nouvelles catégories juridiques de personnes. » À l'audience, l'avocat général souligne que la binarité homme/femme est déterminante, que le législateur doit établir des catégories comme homme/femme, majeur/mineur ou jour/nuit… Mais précisément, le jour et la nuit sont un peu comme l'homme et la femme : la classification n'épuise pas la réalité dans la binarité puisque entre le jour et la nuit il y a le crépuscule.

Je modifie donc la fin que j'avais initialement prévue de prononcer. M'adressant aux juges, je les exhorte une dernière fois : « Ce que je sais c'est qu'entre le jour et la nuit il y a le crépuscule, et que l'aube vous appartient. »

Le 4 mai 2017, la Cour de cassation a confirmé l'arrêt de la cour d'appel d'Orléans. Notre droit persiste donc aujourd'hui à faire entrer de force des personnes intersexuées dans une binarité qui me paraît purement artificielle, avec les conséquences que cela a sur le plan chirurgical : puisque le droit est binaire, les enfants intersexes continuent d'être mutilés pour entrer, physiquement aussi, dans l'une des deux cases existantes. Nous avons saisi la Cour européenne des droits de l'homme (CEDH).

Avec cette affaire, je sens plus que jamais à quel point l'art de la parole peut être arme de conviction. Dans ce type de plaidoiries, chaque mot pèse, les enjeux sont bien plus grands que le simple intérêt particulier, il en va de changements majeurs dans la société.

# Plaider sa cause
## comme un avocat

Vous pouvez évidemment puiser dans les codes de la parole judiciaire des éléments qui vous seront utiles pour plaider votre cause dans la vie de tous les jours.

Voici, pour cela, quelques règles d'argumentation.

Tout d'abord, adaptez-vous à ce que peut et veut entendre votre public. De la même façon qu'on ne fait pas boire un âne qui n'a pas soif, on ne force pas un auditoire à entendre des arguments qu'il ne veut pas entendre. L'art de l'orateur, c'est l'art de convaincre le public au moyen d'arguments auxquels il sera sensible.

Dans l'Antiquité, les Grecs avaient déjà compris que le discours (le logos) dépendait à la fois de l'image que l'orateur voulait donner de lui-même (l'éthos) et des passions de l'auditoire (le pathos). Et

Aristote de dépeindre les arguments qui toucheront les jeunes (« ils sont enclins à la colère et à l'emportement »), les vieux (« ils ont l'esprit étroit, ayant été rabaissés par la pratique de la vie »), les riches (« on devient arrogant et hautain »), les nouveaux riches (« un penchant tantôt à l'arrogance, tantôt à l'intempérance, qui les porte soit aux voies de fait, soit au libertinage ») !

Les avocats ne plaident pas de la même façon devant des juges professionnels ou devant des jurés populaires. Demandez-vous d'abord ce que vos interlocuteurs ont envie d'entendre. Sont-ils plutôt sensibles aux arguments de bon sens, de philosophie, d'argent, de pouvoir ?

Ensuite, fiez-vous aux typologies d'arguments que les avocats utilisent.

Depuis Quintilien, nous savons que les arguments peuvent être classés en quatre catégories : les arguments de droit (« j'ai le droit de partir à telle heure de mon travail, parce que c'est prévu dans mon contrat »), les arguments de fait (« nous devons réduire notre consommation d'énergie car les énergies fossiles s'épuisent de façon accélérée »), les arguments de valeur (« tolérer la prostitution, c'est tolérer l'asservissement des femmes et la marchandisation de leur corps »), et les arguments d'émotion (« comment pouvez-vous encore consommer de la viande alors que chacun connaît le spectacle épouvantable de la souffrance animale ? »).

Et dans la forme, il existe d'innombrables types d'arguments que les avocats utilisent et que vous pouvez utiliser à votre tour.

En voici quelques-uns.

*Le syllogisme.* Il consiste à énoncer une règle générale, à faire état d'un fait, puis à appliquer la règle générale au cas particulier : « Les délégués syndicaux ne peuvent être licenciés qu'avec l'autorisation de l'inspecteur du travail, je suis délégué syndical, vous ne pouvez pas me licencier sans l'accord de l'inspecteur du travail. »

*Le raisonnement par analogie.* « La secrétaire de Monsieur X a été augmentée. J'ai la même ancienneté qu'elle. Je dois être augmentée aussi. »

*L'argument d'autorité.* « Tous les économistes disent que les taux d'intérêt vont remonter. »

*L'argument d'incompatibilité.* « Si l'on est favorable à la laïcité, on ne peut tolérer le financement public de l'enseignement privé. »

*L'argument de causalité.* « L'allégement des charges sociales permettra de lever les freins à l'embauche et entraînera la diminution du chômage », « Il n'y a pas de fumée sans feu. »

*L'argument* a contrario. « Les fumeurs de tabac ne sont pas admis dans les restaurants, donc les fumeurs de cannabis y sont admis. »

*L'argument* a fortiori. « Si les fumeurs de tabac ne sont pas admis dans les restaurants, a fortiori les fumeurs de cannabis ne le sont pas non plus. »

*L'argument* ad personam. « Comment croire ce que vous dit ce délinquant ? »

Deux derniers conseils que les avocats connaissent bien :

Quand on est avocat, on ne plaide jamais sa propre cause. Il faut toujours garder un certain recul pour parvenir à dépassionner le débat. Rien n'est pire qu'un avocat qui plaiderait la cause de son client comme la sienne. On le voit d'ailleurs parfois dans les affaires familiales, où des confrères plaident le divorce de leur client en se souvenant du leur et perdent toute crédibilité. Au quotidien aussi, rien n'est pire que de coller à sa cause, sans distance. C'est pourquoi il peut être bon d'avoir recours à une tierce personne. On n'est pas forcément le meilleur plaideur pour soi-même. Pour dénouer un conflit, dans les relations humaines, il me semble judicieux de demander à un tiers ce qu'il pense de vos arguments. Dans le monde du travail, il faut toujours être assisté. Dès lors que le droit permet d'être accompagné, il faut saisir cette opportunité parce que lorsqu'on est impliqué soi-même on n'a pas le recul nécessaire pour bien jauger la situation et trouver les bons mots. Quand nous nous faisons notre propre avocat, nous avons tous tendance à charger notre argumentation d'affect. Le regard d'un tiers est là pour dépassionner.

De même, il faut toujours faire le détour de l'objectivité. L'avocat, avant de plaider une cause, établit d'abord un diagnostic objectif. Quand je plaide ma cause, il est bon que je sache clairement quelles sont mes forces et mes faiblesses. Et dans le cas d'une demande d'augmentation ou de promotion, je peux également chercher à identifier qui sont mes concurrents et surtout ne me lancer dans ce genre de demande que lorsque j'ai identifié le bon moment, lorsque j'ai atteint de bons objectifs, ou que j'ai réussi quelque chose d'important.

### EXERCICES :

#### Le faux procès

Vous pouvez, en vous mettant dans la situation d'un avocat, accuser ou défendre dans des situations simples.
Accuser ou défendre une femme qui a dérobé des aliments pour se nourrir et qui est poursuivie pour vol.
Accuser ou défendre un sans-abri qui a forcé la serrure d'une usine désaffectée pour loger ses enfants et lui-même, en plein hiver, et qui est poursuivi pour dégradation du bien d'autrui et pour introduction et maintien dans le domicile d'autrui.

Accuser ou défendre un jeune homme qui fêtait son bac bruyamment avec des amis chez lui et qui est poursuivi pour tapage nocturne.

## Utiliser les catégories d'arguments

Argumenter sur un sujet de société en utilisant un argument de droit, un argument de fait, un argument de valeur, un argument d'émotion (« Je suis favorable à la généralisation de la garde alternée car le droit l'autorise, car on constate que cela donne de bons résultats, car cela manifeste l'égalité entre la mère et le père dans l'éducation de l'enfant, et car cela permet de ne pas priver l'enfant durablement de l'affection de l'un de ses deux parents »).

## Argumenter en fonction du public

On ne parle pas de la même façon selon la personne ou l'assemblée à laquelle on s'adresse. Le destinataire du discours est-il hostile (auquel cas je vais devoir le convaincre) ou acquis (auquel cas je vais devoir le galvaniser) ? Est-il spécialiste de la question que je vais aborder (auquel cas je n'ai pas à expliquer les bases de mon idée) ou novice (auquel cas je vais devoir employer des mots simples) ?

Quelques exercices pour s'entraîner à prendre en compte son auditoire :

– Soutenir la limitation du bonus des traders : à la fête de l'Huma / devant l'assemblée générale du MEDEF.
– Défendre la PMA pour les femmes seules : sur un char de la Marche des fiertés / au Congrès des associations familiales catholiques.
– Parler de la Joconde : à un peintre amateur / à un moine tibétain / à un aveugle / à un enfant.

1. Ne pas plaider soi-même sa cause.
2. Si on ne peut pas faire autrement, prendre tout de même conseil auprès d'un tiers.
3. Faire le détour de l'objectivité pour bien argumenter.

# On n'est pas couché

L'enregistrement a lieu dans ce studio que j'ai tant de fois vu sur mon écran de télévision. Je suis avec Eddy Moniot, le vainqueur d'Eloquentia 2015, pour assurer la promotion de la sortie en salles du film *À voix haute*. Sur le plateau, il y a les chroniqueurs, Yann Moix et Vanessa Burggraf, des invités comme Patrice Leconte et Pierre Bénichou. C'est à notre tour de passer dans le fauteuil et au crible des questions. Laurent Ruquier nous appelle. Nous sommes impressionnés, évidemment. Ruquier parle du film en termes élogieux. Nous nous détendons. Pierre Bénichou m'attaque sur « les gosses de riches » de Sciences Po. Je ne m'attendais pas à cela, c'est hors sujet, j'essaie de ne pas me laisser déstabiliser et je réoriente le propos sur Eloquentia puisque c'est ce dont nous sommes venus parler, Eddy et moi. Yann Moix, qui n'est jamais très tendre, a adoré le film, l'interview est d'autant plus facile. Nous avons un bon quart d'heure pour défendre le film et Eloquentia, c'est une tribune extraordinaire.

Cette année, j'ai été assez exposé dans les médias, et, d'interview en interview, je me suis rompu à l'exercice. Mais il faut distinguer la médiatisation professionnelle, dans le cadre de mon métier d'avocat, de la médiatisation dans le cadre de la promotion d'*À voix haute* et d'Eloquentia. Ce n'est pas le même rythme, l'un relève de la tranche d'information, l'autre du divertissement.

La médiatisation d'information obéit à une exigence particulière : être extrêmement fidèle à ce que le client souhaite exprimer ou pas. Elle est décidée en accord avec le client à la fois sur l'opportunité de la médiatisation et sur le fond du message à véhiculer. Dans certaines affaires, le client ne souhaite donner en aucun cas un impact médiatique. Parfois il veut médiatiser tout en gardant l'anonymat. C'était le cas cette année dans l'affaire du sexe neutre. J'ai dû demander à la juridiction que le nom de mon client ne soit à aucun moment divulgué. Mon client a donc été cité sous pseudonyme.

À la sortie du tribunal, face aux journalistes, je ne dispose que de trente secondes pour résumer tout un dossier et une plaidoirie de vingt minutes. C'est la quintessence de ce que l'on a plaidé en une formule. Pour cette affaire, j'ai trouvé deux formules qui me paraissent efficaces : « La mutilation juridique est le pendant de la mutilation chirurgicale », « On ne peut imposer à une personne un état civil qui ne correspond pas à son état réel ». Le message doit être court, percutant, simple, et il faut toujours veiller, lorsqu'on est interrogé par un journaliste, à intégrer la question dans la réponse : la question sera coupée au montage.

Ramasser sa pensée est un très bon exercice. Je suis convaincu qu'on doit toujours pouvoir expliquer une cause en moins d'une minute. Si l'on a besoin de plus, c'est que ce n'est pas si clair que cela. Je pense que je peux résumer en une minute tous mes dossiers.

La médiatisation dans les émissions de divertissement ou de culture ne répond pas aux mêmes règles. Il y a, si l'émission est en direct, une excitation, une montée d'adrénaline liée à l'urgence, on n'a pas de deuxième chance. J'adore participer à des émissions de radio. Cela suppose une concentration très particulière. Derrière le journaliste, je pense aux auditeurs, je suis très attentif à faire passer le message. Je fais la chasse aux mots inutiles, je veille à ne pas ennuyer, à ne pas être redondant, à ne pas hésiter, à demeurer dans un rythme de parole que j'apprécie lorsque moi-même j'écoute la radio. Les réponses doivent être rapides, on n'a pas le droit d'être imprécis. D'émissions en émissions, j'ai affiné ma pensée, j'ai tenté de trouver des formules qui me paraissent efficaces telles que « débattre c'est le contraire de se battre » ou « quand on parle, avant de dire ce que l'on a à dire on dit qui l'on est ». J'ai le souci d'être en permanence dans le rythme de l'émission. En duplex, ce n'est pas évident, on doit s'insérer dans une émission, en deux minutes, être tout de suite dans la tonalité. De plus, j'ai dû adapter mon message en fonction du type de programme, le public n'est pas le même sur France Culture, RTL ou dans *On n'est pas couché*. Mais à chaque fois, je suis physiquement et intellectuellement tendu vers le message que je dois délivrer. Je m'efforce de donner le meilleur de moi-même. Pour la cause que je viens défendre et pour les auditeurs.

# Parler dans les médias

Le discours médiatique occupe une place prépondérante dans la société. La parole n'a jamais été aussi médiatisée. Cependant prendre la parole dans les médias n'est pas anodin et requiert une préparation spécifique.

En amont, il faut bien se renseigner sur les conditions de la prise de parole. L'émission est-elle en direct ou pas ? De combien de temps vais-je disposer pour parler ? Qui sont les autres invités ? Comment l'émission s'organise-t-elle ? Quelle est sa tonalité générale ? Quel est son public ? Les réponses à ces questions permettront d'adapter le discours.

N'oubliez pas de vous poser deux questions fondamentales : « Pourquoi moi ? » et « Pour dire quoi ? ». On est invité parce que l'on occupe une fonction (je suis le président de telle association), parce qu'on incarne un point de vue sur la société dont on a souhaité qu'il soit représenté (je suis contre la GPA) ou parce qu'on a une « actualité » que l'on souhaite évoquer.

Sur le fond, en fonction du temps de parole dont vous disposez, définissez les messages que vous voulez absolument faire passer. Ils peuvent être au maximum de trois. Il faut en connaître auparavant la formulation. Dites-vous que vous ne quitterez pas l'émission sans les avoir présentés. Dites-vous également que les questions des journalistes ne sont qu'un prétexte. Quelles qu'elles soient, vous êtes là pour transmettre votre message. On a beaucoup ri du dialogue entre Alain Duhamel et Georges Marchais : « – Ce n'était pas ma question. – Oui mais c'est ma réponse. » Pourtant, cette phrase est toujours et plus que jamais d'actualité !

De même que vous devez vous demander ce que vous voulez absolument dire, vous devez vous demander ce que vous ne voulez absolument pas dire – et que, bien évidemment, le journaliste va chercher à vous faire dire. Si vous êtes confronté à une question de cette nature, utilisez la technique « blocage-réorientation » : « Je ne crois pas que cette question intéresse les Français. Ce qui intéresse les Français c'est [...]. »

D'une façon générale, le discours médiatique est soumis à des exigences de rapidité, de clarté, de précision, de simplicité, d'intelligibilité.

Vous n'avez souvent pas plus de 40 secondes pour faire part de votre idée de façon compréhensible par tous. L'enchaînement est alors le suivant : l'idée, un développement bref, un exemple, une clôture. Le tout dans un vocabulaire très simple. Par exemple : « Je crois que les 35 heures doivent être assouplies. La réduction généralisée du temps de travail a fait perdre de la compétitivité aux entreprises françaises et l'on doit permettre à ceux qui souhaitent travailler davantage de le faire. C'est ce que d'autres pays ont fait avec succès et la France ne peut pas continuer à appliquer de façon uniforme et générale cette durée du travail. »

## La communication de crise

Elle obéit pour l'essentiel à trois règles.

1. La réactivité : Il faut prendre la parole sans tarder. On dira alors ce que l'on sait au moment où l'on parle, et seulement cela. Mais ne pas s'exprimer, c'est laisser libre cours aux spéculations et aux rumeurs, et donner à penser qu'on a quelque chose à dissimuler. Mieux vaut donc une communication incomplète que pas de communication du tout.

2. L'empathie : Si vous devez communiquer sur une catastrophe, l'empathie est essentielle. S'il y a

des victimes, il faut exprimer votre compassion à leur endroit.

3. La transparence : Être transparent est capital dans la communication de crise. Dire ce que l'on a fait et ce que l'on va faire, sans mentir même sur le moindre détail. Mentir même sur un détail, c'est prendre le risque d'être suspecté d'avoir menti sur l'essentiel.

Cela peut donner l'enchaînement suivant, par exemple pour une intoxication alimentaire collective : « (réaction) Cet après-midi, plusieurs enfants de l'école élémentaire ont été pris de nausées. (empathie) Ils ont été immédiatement pris en charge par les pompiers et conduits à l'hôpital où certains sont restés en observations. Nous avons alerté les parents et mis en place une cellule de soutien au sein de l'établissement. (transparence) Une enquête a été ouverte, notamment auprès de la cantine municipale, pour déterminer si ces nausées proviennent d'une intoxication alimentaire. Les résultats des analyses seront connus demain et ils seront communiqués aussitôt. »

## Désamorcer une situation de conflit

Dans la vie de tous les jours, on peut appliquer ces techniques empruntées à la communication de crise médiatique pour désamorcer une situation de conflit.

Je pense qu'il faut au préalable toujours bien choisir le moment de la prise de parole. Ainsi, il faut se mettre dans la peau de l'autre pour savoir ce qu'il peut entendre, quand il peut être à l'écoute. Il y a des moments où l'on ne peut rien entendre. Il faut éviter les instants où la crise est paroxystique. La parole suppose une part de rationalité chez l'autre, s'il n'y a pas de rationalité, le dialogue n'est pas possible.

Par ailleurs, certaines personnes accordent aux mots plus ou moins d'importance. J'ai vu des gens se dire des choses d'une violence inouïe et se réconcilier alors que les mots échangés étaient pour moi définitifs.

Dans une crise du quotidien, il est donc bon d'identifier quels mots sont sans retour pour l'autre. Vais-je les prononcer ou pas ? Dans une relation amoureuse, le mot « adultère » est-il de ceux-là ? Est-ce que lorsque j'affirme « je ne t'aime plus », il n'y a plus d'issue possible ? Pour certaines personnes le « je ne t'aime plus » est sans retour, pour d'autres cela n'implique pas la rupture du dialogue.

Il en va de même dans le milieu professionnel, à tel point que les démissions données sous le coup de la colère sont considérées comme nulles et non avenues, ce qui montre bien que le contexte de la parole vaut autant que son contenu.

## EXERCICES :

### Le micro-trottoir

Imaginez que vous participez à une manifestation sur un sujet de société ou un sujet politique. Un journaliste vous tend un micro et vous avez 40 secondes (chronométrez-vous) pour défendre votre cause (l'interdiction de l'exploitation du gaz de schiste, la lutte contre les violences faites aux femmes, l'entrée de la Turquie dans l'Union européenne, le rétablissement des peines planchers, la déchéance de nationalité pour les terroristes, etc.).

### L'« interview-piège »

L'exercice se joue à deux : un journaliste et un invité. L'invité est le maire d'une commune. Il est venu parler de sujets relatifs à la gestion communale (les impôts locaux, l'ouverture d'une salle des fêtes, la lutte contre l'insécurité, etc.). Le journaliste ne lui pose de questions que sur des sujets que le maire ne souhaite pas évoquer (la division de sa majorité, la mise en examen de son premier adjoint, la question de sa candidature aux prochaines élections). Le maire va devoir réorienter les questions vers les sujets qu'il veut aborder, sans répondre aux questions gênantes.

### La conférence de presse de crise

Vous avez convoqué la presse pour communiquer sur une crise (vous êtes le directeur d'une école et un élève a été gravement blessé lors d'un week-end d'intégration, vous êtes le dirigeant d'une entreprise dont le directeur financier est en garde à vue pour des abus de biens sociaux, vous êtes le dirigeant d'une société de construction automobile et un accident de la circulation a fait apparaître une malfaçon dans le système de freinage qui vous oblige à rappeler un type de véhicule).

Vous devez faire une déclaration préalable selon les règles évoquées plus haut (réactivité, empathie, transparence), puis répondre aux questions des journalistes.

## Le buzzer à jargon

Le langage médiatique, qui vise à être compris de tous, est soumis à une exigence de simplicité. N'employez pas de mot qu'un enfant de douze ans ne comprendrait pas. Entrainez-vous à expliquer avec des mots simples des phénomènes complexes (le conflit du Moyen-Orient, le réchauffement climatique, la crise des subprimes). Vous pouvez aussi essayer d'expliquer en quoi consiste votre travail sans utiliser aucun vocable technique. Demandez à vos interlocuteurs de taper dans leurs mains ou sur la table lorsque vous utilisez un terme trop complexe.

---

1. Faire passer deux ou trois messages clés, pas plus.
2. Utiliser le « blocage-réorientation ».
3. Soyez bref, clair, précis.
4. Quelles que soient les questions ne pas s'éloigner de son propos.

# Se dire l'amour

Je ne suis absolument pas expert en communication amoureuse, je ne saurai prétendre à vous donner des conseils pour séduire, ou reconquérir la personne que vous aimez. Je ne suis pas du tout un « love coach » mais je peux vous livrer mes impressions et mes réflexions sur la difficulté qu'ont les hommes en général à parler d'amour. Je déplore la disparition de l'art de faire la cour et de l'éloquence amoureuse. Je suis frappé par l'incapacité des gens à dire l'amour. C'est certainement pour cela qu'ils se contentent de le faire. Je constate une grande pauvreté dans la communication entre les hommes et les femmes. On a complètement déconsidéré la séduction, or la séduction passe aussi par la belle parole. Ce qui individualise l'amour ce sont les mots, les mots qu'on incarne, qu'on dédie à l'autre, pour lui dire combien il/elle est indispensable, combien il/elle a changé notre vie. N'hésitez pas à le dire à celui que vous aimez.

La parole amoureuse est certainement la parole qui met le plus en risque, qui fait sortir de sa zone de confort. Elle vous met à nu, elle vous engage pleinement. Vous vous y révélez comme jamais auparavant.

L'éloquence amoureuse peut être celle du Dom Juan. On se méfie de la parole du Dom Juan, mais c'est très beau aussi, le plaisir de la séduction pour la séduction. Voir dans le regard de l'autre le moment où il va consentir, où il va céder par le simple pouvoir des mots. Après tout, « séduction » vient du latin *seducere* : conduire vers soi. Séduire, c'est amener vers soi.

Nous vivons dans une société où les femmes sont de plus en plus réifiées, cela vient selon moi de l'incapacité des hommes à dire l'amour. Puisqu'ils ne savent pas le dire ils l'imposent.

L'idée que l'exaltation des corps ne pourrait pas être précédée de la communion des esprits me désole. C'est bien le symptôme de la dégradation des relations amoureuses, l'autre n'est qu'un exutoire de ses propres pulsions.

La parole dans le rapport amoureux est pourtant ce qui distingue l'homme de l'animal. Même l'animal fait la cour, mais l'homme peut verbaliser la parade. Plus que de misère sexuelle, je trouve que notre société souffre de misère émotionnelle. Dire l'amour est trop souvent perçu comme une faiblesse, dire le sentiment est le signe d'une fragilité. Cette forme d'animalité me navre. Pour rester des hommes, il faut se dire l'amour. Le faire, c'est à la portée de tous.

# En marche vers l'Élysée : encore des mots, toujours des mots, les mêmes mots ?

Au soir du premier tour de l'élection présidentielle, Sciences Po a organisé une « Nuit présidentielle » pour permettre à ceux qui le souhaitent de vivre les résultats en direct dans le grand amphi.

Pour patienter en attendant 20 heures, les organisateurs ont demandé à quelques enseignants de donner leur regard sur la campagne, chacun dans son domaine de prédilection. Il m'échoit donc de faire un retour sur l'art oratoire au cours de cette période exceptionnelle.

Et de fait, que de choses à commenter !

Évidemment, le fameux « C'est notre projet ! » d'Emmanuel Macron s'égosillant à la porte de Versailles, qui tranchait tellement avec la maîtrise et le sang-froid traditionnellement affichés par les orateurs les plus expérimentés. On avait de toute évidence affaire à un novice des meetings qui s'était laissé submerger par son émotion au point de perdre tout contrôle de lui-même dans une gestuelle christique de quasi-gourou. Ce n'est pas la moindre qualité d'Emmanuel Macron d'avoir su faire appel à un professionnel de la voix – le baryton-basse Jean-Philippe Lafont – pour l'aider à corriger ce travers.

La campagne a aussi été marquée par les formes singulières : l'hologramme de Jean-Luc Mélenchon, qui lui permettait de tenir meeting à deux endroits en même temps, l'interminable débat de tous les candidats et la question corrélative de l'égalité de temps de parole entre tous. Dans le même registre, le départ de Nicolas Dupont-Aignan du plateau de TF1 pour protester contre la tenue d'un débat entre candidats auquel il n'était pas convié. Également la mise en scène du discours de Jean-Luc Mélenchon sur le Vieux-Port de Marseille, en extérieur, avec cette façon singulière de haranguer la foule, parfois de la bousculer, toujours en improvisation, avec seulement quelques notes sur une table de bistrot.

La campagne, ce fut aussi quelques formules marquantes plus ou moins heureuses : les « pudeurs de gazelle » (Jean-Luc Mélenchon), l'« immunité ouvrière » (Philippe Poutou), le « je ne céderai pas, je ne me retirerai pas » (François Fillon), l'irruption de l'adjectif « désirable » (Benoît Hamon), les arguties juridiques incompréhensibles de François Asselineau, le discours farfelu de Jacques Cheminade, le « en même temps », tic de langage assumé comme symbole de synthèse (Emmanuel Macron). Puis lors du débat d'entre-deux-tours – le premier ayant dégagé un vainqueur clair depuis le débat Giscard-Mitterrand de 1974 et dans une moindre mesure le débat Mitterrand-Chirac de 1988 – la délicieusement surannée « poudre de perlimpinpin » (Emmanuel Macron) et le « ils sont là, dans les campagnes, les villes, sur les réseaux sociaux » (Marine Le Pen).

Et pour conclure, ces deux discours marquants d'Emmanuel Macron : un discours assez incongru de victoire au soir du premier tour (avec convocation de Brigitte Macron, clin d'œil, sourire) et un discours au contraire d'une solennité presque excessive dans le ton et la posture au soir du deuxième tour. Un discours seulement éclairé et humanisé par les images prises en amont du nouveau président de la République s'essayant à la lecture d'un prompteur et avouant : « Si je passe en ce moment sur toutes les chaînes en disant ça, j'aurai l'air intelligent. » Faute avouée est à moitié pardonnée.

# Prononcer un discours politique

C'est une évidence : l'éloquence politique – qui est, avec l'éloquence judiciaire et l'éloquence épidictique (l'éloquence festive, d'apparat), l'un des trois genres d'éloquence dénombrés par Aristote – a énormément évolué ces dernières décennies.

La responsabilité en revient pour l'essentiel à l'irruption des médias dans le débat politique.

Avec la télévision, la radio, et désormais Internet et les réseaux sociaux, on est passé d'une parole adressée depuis une tribune, sans micro, à des initiés, à une parole adressée *urbi et orbi*, en permanence, par écrans interposés. De la logique de l'estrade à la logique du spectacle.

Et en moins d'une génération, le rapport des politiques aux médias a lui-même singulièrement évolué. Alors que dans les années 1960 et 1970, le discours politique s'invitait – on pourrait même dire s'imposait – dans les médias, ce sont aujourd'hui les médias qui imposent aux politiques de s'exprimer selon les codes du divertissement.

Regardez, pour vous convaincre de cette mutation, l'interview donnée par Georges Pompidou à Georges Suffert et Jacques Sallebert[1] à l'occasion de la campagne présidentielle de 1969. La scène nous paraît aujourd'hui totalement surréaliste. Georges Pompidou ne cache pas qu'il a lui-même choisi ses interviewers : « J'ai demandé à M. Suffert et à M. Sallebert de m'interroger. » Puis avant même que Jacques Sallebert ait fini de poser la première question, Georges Pompidou l'interrompt d'un geste de la main pour faire une déclaration, évidemment préparée, dirigée contre Alain Poher. Les journalistes ne sont ici rien d'autre que des faire-valoir.

La situation n'est pas très différente lors de l'élection suivante, en 1974. Ainsi, lorsqu'il introduit le débat d'entre-deux-tours entre Valéry Giscard-d'Estaing et François Mitterrand, Alain Duhamel, qui est censé animer ce débat avec Jacqueline Baudrier, admet d'emblée que les journalistes s'en tiendront à un rôle de simple présence : « Comme vous nous l'avez demandé nous nous interdirons naturellement de poser une quelconque question. » Tout cela serait évidemment inimaginable aujourd'hui.

---

1. Le journaliste Georges Suffert officiait alors au *Point* et Jacques Sallebert à Antenne 2.

De nos jours, le discours politique est totalement intégré à la société du spectacle. Les annonces se font au journal télévisé, et non plus devant les assemblées, qui en seraient pourtant les destinataires naturels et légitimes.

Les hommes politiques se pressent dans des émissions de divertissement, se bousculent dans les programmes de téléréalité, allant même jusqu'à se livrer complaisamment à d'étonnantes « confessions intimes »…

Cette dilution du politique dans le médiatique n'a évidemment pas été sans conséquence sur le contenu même du discours politique. Comme le discours médiatique, le discours politique est devenu moins technique. Il s'est simplifié à la fois dans son contenu et dans son expression. La langue de bois a triomphé et la plupart du temps, les politiciens s'en tiennent à des formules générales avec lesquelles personne ne peut être en désaccord (« Les Français attendent qu'on traite les vrais problèmes », « Il faut faire preuve de détermination et d'imagination face au chômage », « Notre système de santé doit être profondément rénové pour que chacun puisse être mieux soigné », « Notre système éducatif doit être plus performant »).

L'obsession est de respecter la règle des 4 C : clair, court, cohérent, crédible.

Parler pour montrer qu'on existe, mais ne rien dire pour ne pas cliver et prendre une position qu'on viendrait ultérieurement rappeler ou opposer, accepter de renoncer à toute nuance pour qu'une formule passe-partout tienne en 140 signes, se faire le véhicule servile d'éléments de langage élaborés par ailleurs, tel semble être aujourd'hui le secret de la communication politique.

Malgré ce formatage, le discours politique reste étonnamment divers, comme d'infinies variations sur un même thème. Ces variations s'expliquent par de multiples facteurs.

D'abord l'éloquence naturelle du locuteur. On ne peut nier que certaines personnalités politiques maîtrisent mieux les codes de la prise de parole que d'autres, sont de meilleurs improvisateurs, savent mieux capter l'attention, galvanisent davantage les foules. Certains se font remarquer par leur langage particulièrement châtié, d'autres par leurs approximations (voulues ou subies), d'autres encore par leur accent régional (qu'ils perdent parfois comme par miracle lorsqu'ils s'expriment depuis Paris !).

Le discours est ensuite déterminé – et c'est bien normal – par les convictions politiques de celui qui le tient. Chaque parti a son champ lexical. Certains parlent de liberté, d'initiative individuelle, de rigueur, d'école libre et d'employeurs. D'autres parlent d'égalité, de solidarité, d'austérité, d'école privée et de patrons. Les orateurs politiques emploient, logiquement, la terminologie propre à leur camp. En fonction du vocabulaire, on sait tout de suite où l'on se situe.

Enfin le discours dépend de la position institutionnelle du locuteur. On ne s'exprime pas de la même façon si l'on est un responsable national ou un élu local. On ne s'exprime pas de la même façon si l'on est ministre ou si l'on est maire d'une petite commune. On ne s'exprime pas de la même façon si l'on est au pouvoir ou dans l'opposition.

Reste un invariant du discours politique : il est un instrument de conquête du pouvoir. Et finalement, l'orateur politique n'a toujours d'autre objectif que de convaincre de sa capacité et de sa légitimité à exercer le pouvoir, soit en mettant en avant sa différence (c'est le style d'un Charles de Gaulle ou d'un Dominique de Villepin, qui instaure immédiatement une distance avec l'auditoire), soit en insistant sur sa « normalité », au point de faire de la « présidence normale » un slogan de campagne.

Enfin, comment ne pas insister sur la résurgence contemporaine dans le discours politique du storytelling ? Chaque discours devient parsemé de récits individuels, d'aventures singulières. Comme pour montrer que le discours n'est pas désincarné, abstrait et théorique, mais qu'au contraire il prend pied dans une réalité qu'il entend transformer.

**EXERCICE :**

Vous êtes candidat à une fonction politique ou assimilée de votre choix : maire de votre commune, président de la République, délégué syndical de votre entreprise, délégué des parents d'élèves de l'école de vos enfants... Bâtissez un discours de candidature dans lequel vous exposerez d'abord votre « programme » pour cette fonction, et ensuite les raisons qui vous conduisent à penser que vous êtes la meilleure personne pour mettre en œuvre ce programme.

---

1. Obéir à la règle des 4 C : clair, court, cohérent, crédible.
2. Utiliser le champ lexical qui correspond à votre famille, ou bord politique.
3. Adapter sa parole à sa fonction (maire, député...).
4. Utiliser le storytelling, incarner pour mieux toucher.

# Changer des vies

Je suis dans mon bureau d'avocat dans le VIIIe arrondissement de Paris, je travaille sur mes dossiers en cours, et aujourd'hui j'ai une pensée particulière pour Eddy, Elhadj, Leila et tous les autres. Si je crois, avec l'équipe d'Eloquentia, leur avoir apporté quelque chose, avoir peut-être contribué à libérer leur parole, j'ai la certitude qu'eux aussi m'ont transformé. C'est cela le pouvoir inouï de la parole, faire le pari de l'échange, de l'écoute et de la bienveillance.

Au moment où j'écris, ces enfants de la Seine-Saint-Denis foulent le tapis rouge des marches de Cannes. Je ne suis pas avec eux physiquement, mais plus que jamais en pensée. Eloquentia c'est un concours, Eloquentia c'est un film documentaire, *À voix haute*, qui a su émouvoir un large public, Eloquentia ce sont des centaines de visages, des heures de prise de parole, de mise en danger, de partage. Plus que jamais, je prends conscience du chemin parcouru par ces jeunes, tout cela parce qu'un jour ils ont osé faire le grand saut, ils ont osé sortir de leur zone de confort, ils ont osé prendre la parole et faire valser les mots. Les mots qui nous lient au monde et aux autres.

Quelques jours avant la sortie en salle du film s'est déroulée la finale Eloquentia 2017. Sans aucun doute la plus belle soirée d'éloquence à laquelle j'ai pu participer. C'était magique. Les quatre discours de la petite finale et de la finale étaient parfaits. Aucun accroc, aucune phrase dissonante. L'ambiance était joyeuse et un peu euphorique. Des spectateurs partout, deux amphithéâtres de 500 personnes pleins à craquer. Le public chauffé à blanc, le jury composé de stars du rap et du slam comme Grand Corps Malade et Youssoupha et d'avocats comme Hervé Témime, ténor du Barreau de Paris, mais aussi des merveilleux « piliers » d'Eloquentia que sont mes confrères et amis Isabelle Chataignier et Charles Haroche. J'ai rarement vu une telle effervescence. Les télés sont là, c'est la première fois qu'il y a autant de médias pour une finale Eloquentia, la sortie du film y est pour quelque chose.

Les membres du jury, et moi dans mon rôle de « contre-critique », avons tous réussi à rester dans la bonne tonalité, à mi-chemin entre l'égratignure et la bienveillance, entre le taquin et l'aimable. Nous étions tous un peu moqueurs, l'exercice le veut, mais sans méchanceté ou ironie acide. Grand Corps Malade a écrit un slam pour l'occasion et le rappeur Youssoupha qui est une référence pour ces jeunes a eu un mot pour chacun, gagnant comme perdants. Linda et Grégoire, les deux finalistes, ont été excellents, dans des registres totalement différents. Linda a cette élégance rare dans l'écriture, son discours est bien construit, mais il lui a peut-être manqué ce soir-là cette petite flamme qui fait la différence entre les bons orateurs et les meilleurs. Grégoire, le gagnant, a préparé son discours avec sérieux et enthousiasme. Dès l'exorde, je sais que sa prestation va être phénoménale. Son propos est drôle, touchant, sincère, simple, vrai. Je l'écoute, depuis ma place de contre-critique, au cœur du public, avec beaucoup de bonheur. Je me prends à redouter qu'il bute sur un mot, qu'il perde le fil ou qu'il se laisse emporter par son émotion. Mais non. Quelle maîtrise. Que de chemin parcouru en si peu de temps.

Quand je visionne le film *À voix haute* et que je participe à une telle finale de concours d'éloquence, je me dis que la parole est magique et que la transmission prend tout son sens. Lors de ces formations, on ne transforme pas les gens mais on leur permet de s'exprimer, de libérer leur pensée, d'incarner en un discours ce qu'ils ont en eux. Nous leur donnons les codes, ils s'en saisissent pour faire jaillir le meilleur d'eux-mêmes. Nous leur apportons la structure, la confiance en eux, la gestuelle et parfois la précision du vocabulaire.

C'est pourquoi j'espère que la lecture de ce livre vous aura apporté des clés pour vous aussi tenter l'expérience formidable de la prise de parole en public. Discours, débat, entretien d'embauche, examen, rendez-vous amical ou amoureux, quelles que soient les circonstances, vous pouvez mettre à profit les conseils et exercices que je vous ai proposés, les adapter en fonction de l'occasion et de votre personnalité. Dites-vous que c'est possible, qu'il n'y a rien à perdre à prendre la parole. Et souvent vous y gagnerez quelque chose.

Dépassement de soi, conflit désamorcé, message militant partagé, cause entendue, la parole ouvre toutes les portes. Parce qu'il faut faire le pari du respect, de l'écoute, de la bienveillance, de l'échange. Et quand on maîtrise les mots, elle a le pouvoir de changer des vies. La parole est belle. C'est un sport de combat, et tout le monde est gagnant.

*Postface*

## La parole a changé leur vie

Grégoire Gouby, vingt-deux ans, étudiant en Arts du Spectacle, vainqueur du concours Eloquentia 2017 :

« J'étais un timide maladif, j'avais un problème de confiance en moi, j'avais du mal à me vendre. Dès qu'il y avait un enjeu, même amical ou dans la séduction, la parole était pour moi difficile. Je perdais tous mes moyens. Je montrais une image déformée de ma personne.

La parole était une barrière, j'avais peur de déranger, de blesser les gens aussi.

Pourtant je voulais être comédien. J'étais bon à l'écrit, je maîtrisais les règles de l'argumentation, mais je ne savais pas délivrer tout cela à l'oral. Alors j'ai participé à la formation d'Eloquentia, poussé par un ami. Jamais je n'aurais pensé que je serais capable de prendre la parole dans un amphithéâtre de 500 personnes ! Puis je me suis pris au jeu, j'ai compris que ce pourrait être à la fois une façon de me dépasser et un tremplin. J'ai pris goût à l'improvisation, dans l'impro, on est vraiment soi, on ne cogite pas, on se libère de toutes contraintes, on est le plus sincère. J'ai appris à gommer les automatismes, à prendre conscience de mon corps, à adopter la bonne posture pour prendre la parole. Ce fut une vraie révélation. Presque une deuxième naissance. J'ai aussi appris à écouter les autres, car la parole ne va pas sans l'écoute. Désormais, je prépare mon spectacle, je fais un stage dans une société de production et puis avec Eloquentia j'interviens dans les collèges pour transmettre. À l'école, on apprend ce qu'il faut dire mais jamais comment le dire. »

Eddy Moniot, vingt-trois ans, vainqueur du concours Eloquentia 2015 :

« J'ai toujours été à l'aise dans la prise de parole en public, j'ai fait de la danse et du théâtre très tôt et donc je suis bien avec mon corps et ma parole. Dans le cadre de ma licence de théâtre, je me suis inscrit à la formation Eloquentia. Comme beaucoup d'orateurs, je suis à l'aise devant un public mais très timide dans des situations de tête à tête, parce qu'il y a un enjeu relationnel, de mise à nu, plus que lorsqu'on se lance devant un amphi pour un concours d'éloquence. Dès la première séance, j'ai compris qu'il me manquait quelque chose, l'essentiel certainement : je savais parler mais je ne savais pas écouter. Mon père me l'a toujours dit : "Eddy, tu parles c'est bien, mais à quoi bon si tu n'écoutes pas !" Jusqu'à présent je fanfaronnais, mais à Eloquentia, j'ai écouté les histoires des autres, et cela m'a appris l'humilité. J'acceptais la personnalité des autres, et je m'acceptais moi-même. »

Elhadj Touré, concours Eloquentia 2015
Extrait de sa conférence TEdX à l'ESSEC :

« Après l'incendie de l'immeuble où je vivais avec ma famille, j'ai décidé de vivre seul à la rue pour soulager ma mère. J'avais seize ans. J'étais SDF, en colère, ce qui me manquait c'était la parole. Alors un jour j'ai commencé à saluer toutes les personnes que je croisais dans la rue, certains me snobaient et puis petit à petit certains se livraient à moi. Je me sentais revivre. Je redevenais un être humain simplement parce que j'avais décidé de reprendre la parole. En prenant la parole on améliore son quotidien et celui des autres. On fait un pas vers l'autre. Puis je suis allé à la fac et je me suis inscrit à Eloquentia. C'est un hymne à la liberté d'expression. Je suis passé du silence à une prise de parole en public. Grâce au film, j'ai été entendu à une échelle nationale tout simplement parce que j'ai décidé de reprendre la parole. Aujourd'hui, je fais du développement durable en Guinée, j'ai monté une école, car les enfants sont les meilleurs ambassadeurs de la prise de parole. »

Merci à Pierre Derycke et à Gildas Laguës pour leur contribution aux chapitres concernant respectivement la voix et l'entretien de recrutement.

# Table des matières

COMPOSITION PCA
ACHEVÉ D'IMPRIMER EN FRANCE
PAR CPI BRODARD ET TAUPIN
POUR LE COMPTE DES ÉDITIONS J.-C. LATTÈS
17, RUE JACOB — 75006 PARIS
EN OCTOBRE 2017

N° d'édition : 05 – N° d'impression : 3025758
Dépôt légal : octobre 2017
*Imprimé en France*